개떡 같은 기분에서
벗어나는 법

개떡 같은 기분에서
벗어나는 법

안드레아 오언 지음
김고명 옮김

글담출판

인생은 고단하다.
우리가 잘못 살아서가 아니라
원래 인생이 고단하기 때문이다.

_글레넌 도일 멜튼(Glennon Doyle Melton)

2007년 초, 내 인생은 완전히 바닥을 쳤다.

나는 그때 만나던 남자의 말에 홀딱 넘어가 직장을 그만두고 그 사람의 아파트로 들어가 살기로 했다. 그런데 같이 이사 계획을 세우던 중에 그 사람이 상습적인 약물 복용을 얼버무리기 위해 암에 걸렸다는 거짓말을 했으며, 연애하는 동안 했던 말 또한 죄다 거짓말이었음을 알게 됐다. 나는 이미 그에게 수천 달러를 뜯긴 상태였고, 하필이면 그 주에 임신 테스트기에서 양성 반응이 나왔다. 그러고서 한 달쯤 지나 내가 빈털터리가 됐을 때 그는 나를 떠났다. 나는 제대로 사기를 당했다.

내 자존심은 무참히 짓밟혔다. 나는 땡전 한 푼 없고, 직장도 없고, 살 집도 없는 주제에 임신까지 한 상태였다. 어디 그뿐인가. 그 전해에는 남편이 다른 여자와 눈이 맞아 떠나버렸으니 정말 지지

리 복도 없는 여자였다.

나를 안쓰럽게 여기는 가족, 친구, 동료들의 시선을 견디기가 어려웠다. 내가 옆에 있으면 무슨 말을 해야 할지 몰라 불편해하는 게 느껴졌다. 아예 나를 피하는 사람들도 있었다. 너무 가까이 다가오면 나의 결점이 옮겨붙기라도 할까 봐 겁을 내는 것처럼 느껴졌다. 나는 내 인생이 혐오스러웠고 그런 사달이 나도록 참고 산 나 자신이 미웠다.

외롭고 수치스러워서 환장할 것 같았다. 내가 아는 사람들은 전부 결혼해서 아이를 낳고 행복하게 살거나 독신으로 자유롭고 멋지게 살고 있었다. 내가 세상에서 가장 멍청한 여자인 것은 물론이고 어딘가 하자가 있는 물건처럼 느껴졌다. 나 자신에게 묻고 또 물었다. '어쩌다 이 꼴이 된 거야? 어쩌면 그렇게 멍청할 수가 있어? 도대체 넌 어떻게 생겨먹은 인간이야?'

이제 와서 돌아보면 그렇게 최악의 시기를 맞기 전에 나는 줄곧 다른 사람들이 원하는 이미지에 나를 억지로 끼워 맞추며 살았다. 그러다 보니 정신이 피폐해졌고 나의 가치를 전혀 몰랐다. 세상이 소름 돋을 만치 무서웠다. 사람들이 나의 실체를 알게 되면 어쩌나 하는 생각에 벌벌 떨었다. 그들이 내가 모르는 게 얼마나 많은지 알게 될까 두려웠다. 내가 절실히 타인을 원한다는 것, 사랑하고 사랑받기를 간절히 원한다는 것을 들킬까 겁이 났다. 나는 완벽주의, 자기훼손, 통제 같은 습관으로 무장하고 그런 것이 나를 안전하게 지켜주리라 생각했다. 하지만 결국에는 내 생각이 틀렸음을 깨달았다.

이후로 나는 느리지만 확실하게 나를 치유하면서 인생의 깨진 조각들을 다시 맞춰나갔고, 그런 습관들로 무장하고 살아가는 사람이 나 혼자만은 아니라는 사실을 알게 됐다. 상담가가 되어 예전의 나를 보는 것 같은 사람들을 돕기 시작하자 내가 했던 것과 똑같은 행동으로 자신을 갉아먹고 있는 사람이 한둘이 아니었다. 그들은 왜 자꾸만 개떡 같은 기분이 드는지 모르겠다고 탄식했다.

시간이 흐르면서 사람들의 기분을 망치는 공통적인 습관들이 보이기 시작했다. 알고 보니 그런 습관에 빠진 사람들이 너무나 많았다. 영혼에 상처를 입은 사람들과 얘기를 해보니 그들을 괴롭히는 몹쓸 생각과 행동이 열네 가지로 압축됐다. 나는 거기에 하나씩 이름을 붙여봤다.

그 열네 가지 습관을 규정하자 우리가 인생에서 고꾸라졌을 때 다시 일어나지 못하도록 막는 주범이 바로 그 습관들이라는 것을 알 수 있었다. 그렇다면 그런 습관들을 자각하고 끊어버린다면 다시 벌떡 일어나 기운차게 행복을 향해 나아갈 수 있다는 말이었다.

나는 변화의 첫걸음을 뗄 당시만 해도, 아니, 상담 일을 시작한 이후에도 인생에는 옳은 길과 틀린 길이 있다고 생각했다. 이제부터 이 책에서 읽게 될 습관들에 굴복하면 불행의 도가니에 빠지는 줄로만 알았다.

그런데…… 잠깐, 다음의 이야기는 정말 깜짝 놀랄 만한 것일 수도 있으니 마음의 준비를 단단히 하시라.

앞으로 각 장에서 얘기할 습관들은…… 사실 지극히 평범한 것들이다! 이 책을 읽고서 "에이, 난 그런 습관 하나도 없어"라고 말하진 못할 것이다. 그래도 괜찮다. 살다 보면 그런 습관들로 자신을 보호해야 할 때도 가끔 있으니까 말이다. 괴로움을 견디기 위해 그런 습관들이 필요할 때가 분명히 있다. 이 습관들은 우리가 지금껏 살면서 학습한 것이고, 비록 일시적이긴 해도 효력이 있긴 하다. 하지만 너무 의존하는 바람에 그것이 더는 우리를 보호해주지 못하고 오히려 발목만 잡는다면 그때부터는 문제가 된다.

일부 자기계발서에서는 우리가 어떤 태도로 사느냐에 따라 우리를 둘러싼 상황이 달라진다고 말한다. 나도 예전에는 그런 말을 믿었지만 주위를 둘러보고 사람들의 얘기를 들어보자 알게 됐다.

때로는 우리가 어떻게 사느냐와 상관없이 인생이 우리 앞에 제멋대로 던져놓는 사건도 있다는 사실을 말이다.

우리의 노력이나 의지와 상관없이 위기가 닥치고, 누군가가 진상을 떨고, 연인이 이별을 통보하고, 아기가 떼를 쓰고, 사춘기 자녀가 속을 썩이고, 의사가 원치 않는 병명을 말한다. 그것은 우리가 인생을 잘못 살아서도, 나쁜 기운을 뿜어내서도 아니다. 인생이 원래 그런 것이기 때문이다.

그런데도 우리는 혹시 내가 뭔가 잘못하고 있는 게 아닌가 걱정한다. 나만 빼고 남들은 다 잘사는 것처럼 보이기 때문이다. 머릿속이 혼란스럽고 외톨이가 된 기분이 든다.

그럴 때면 답을 찾고 싶은 마음에 자기계발서를 읽고 기운을 내게 해주는 팟캐스트를 듣기도 한다. '거기에는 뭔가 있겠지? 무슨 비결이라든가 하다못해 뭔가 이해가 갈 만한 설명이라도 있을 거야…….' 그런 생각으로 책을 읽고 팟캐스트를 들으면서 명상하기, 요가 수련하기, 녹즙 마시기, 인스타그램에서 누구누구 팔로우하기, 온갖 책 읽기 등으로 할 일 목록을 채운다.

하지만 내가 아는 진실을 말하자면 그런 식으로 할 일 목록을 채워봤자 행복과 기쁨을 누리진 못한다.

우리가 찾는 정답이랄까, 행복의 열쇠는 내 행동이 과거의 무엇에서 비롯됐는지 따져보고 무엇이 나를 아프게 하는지 밝힐 때 비로소 찾을 수 있다. 그러자면 장애물을 외면하지 않고 직접 부딪혀서 극복해야 하고, 스스로를 사랑하는 마음을 굳게 지켜야 한다. 그 과정에서 생겨나는 감정을 모두 있는 그대로 받아들여야 하고 똑같은 과정을 처음부터 다시 반복하고 또 반복해야 한다. 그럴 때 비로소 마음의 평화와 자유가 찾아온다.

이 책에는 우리가 가진 개떡 같은 습관을 알아차리고, 그와 다른 행동을 선택하고 연습하는 방법이 실려 있다. 혹시 그렇게 했는데도 마음에 드는 결과가 나오지 않는다면 다시 한번 시도해보자. 훌훌 털고 일어나 다시 도전해보자. 중요한 것은 실천이다.

이 책에 실린 기법들을 읽고 '음, 괜찮네'라고 생각만 하고 넘어가면 안 된다. 기왕에 생각하는 것, 이렇게 생각했으면 좋겠다.

'음, 괜찮네. 좀 껄끄러울 것 같기도 해. 그래도 한번 해봐야지. 뭐, 다 내 뜻대로 되진 않겠지만 그래도 계속 시도해볼 거야. 왜냐하면 개떡 같은 기분으로 사는 것도 이젠 지긋지긋하니까!'

차례

1장

나한테
나쁜 년 되기

내면의 비판자 다스리기

왜 자신을 괴롭히지 못해서
안달인 걸까

〰〰〰

"너 꼬락서니가 꼭 병든 닭 같다."
"이번에 승진이 될 거라고 생각하다니 참 너도 너다."
"비키니? 네가? 이번 생엔 텄어."

혹시 언어폭력이 난무하는 인간관계를 겪어본 적이 있는가? 저쪽에서 자꾸만 나를 비난하고, 내가 뭘 해도 부족하다고 생각하고, 번번이 내 기분을 짓밟는 관계. 자꾸 내가 잘하고 있는 건가 하는 의구심이 들게 하고, 어느 순간부터 저쪽에서 날리는 온갖 독설이 진실이라고 믿게 되는 관계 말이다. 직접 경험해본 적은 없더라도 그런 관계에 시달려본 사람을 알고 있진 않은가? 그 꼴을 지켜보고 있자면 정말 가슴이 미어지지 않던가?

후유, 이게 딴 사람 얘기였으면 얼마나 좋을까. 하지만 바로 당신이 자기 자신에게 말하는 태도가 딱 그 모양이다.

설사 지금까지 아무도 당신에게 그런 식으로 말하는 사람이 없었다고 해도, 내가 장담하건대 당신 스스로가 가끔 혹은 자주 자신에게 그런 식으로 말을 했을 것이다. 적어도 내면에서 일어나는 대화에 애정이 흘러넘치진 않았거나.

샤워하고 나서 거울을 볼 때 자신에게 어떤 식으로 말하는가? 실수를 저질렀을 때는? 승진심사에서 미끄러졌을 때는? 잘나가는 사람들과 자신을 비교할 때는? 그럴 때 자신에게 다정하게 말을 건네는가? 연민 어린 말투로? 건조기에서 갓 꺼내서 온기가 느껴지고 사랑스런 향기가 감도는 담요처럼? 아마 아닐 텐데?

이 이야기로 책을 시작하는 이유는 그 내면의 목소리, 흔히 쓰는 표현으로 그 '내면의 비판자'가 바로 우리 여자들의 기분을 개떡같이 만드는 주범이기 때문이다.

미용사로 일하는 31세 발러리의 사연을 들어보자.

나는 나 자신에게 네가 뚱뚱해서 서른한 살 먹도록 솔로라는 말을 시도 때도 없이 한다. 왜 그런 음식을 골랐냐고 자꾸만 나 자신을 비난하고 무슨 결정을 내리든 지나고 나서 타박하기 일쑤다. 친구들은 다 결혼해서 애까지 낳고 사는데 항상 걔들하고 비교해대니 내가 변변찮은 인간이라는 생각만 든다. 내가 더 날씬했더라면, 더 활발했더라면, 더 뭐뭐했더라면 지금쯤 연애든 결혼이든 성공했을 거란 식이다. 나는 직업상

멋을 부려야 해서 예쁘다는 말을 많이 듣는다. 하지만 그 말을 절대 곧이 곧대로 믿지 않는다. 전부 나 듣기 좋으라고 하는 말이라고 생각한다.

이건 참 흔한 얘기다. 자기를 다른 모든 사람과 비교하면서 행복해지려면 어떤 외부적인 것을 확보해야 한다고 믿는다.

내면의 비판자는 한술 더 떠서 수잔의 경우처럼 아주 무자비해지기도 한다.

내 안의 목소리가 말한다. 남들한테 아무리 관심과 애정을 쏟아봤자 넌 개차반이라고. 내가 중요한 사람이라는 생각이 전혀 들지 않는 말을 해댄다. 그리고 나는 그런 말을 절대적인 진실로 받아들인다. 머리로는 사실이 아닌 줄 알지만 달라지는 건 없다. 거기서 생기는 수치심, 그리고 그 수치심을 덮겠다고 하는 자기파괴적인 행동이 나를 시궁창으로 끌어내린다. 나는 그것 때문에 심리상담까지 받으면서도 시궁창에서 좀처럼 빠져나올 수 없을 것만 같은 무력감에 짓눌린다.

참고로 내면의 비판자가 항상 명료한 생각의 형태로 말을 하는 것은 아니다. 어떤 목소리라기보다는 생활 전반에서 느껴지는 자격지심일 때도 있다. 말하자면 남들은 다 기똥찬 인생을 살고 있는데 나만 아니라는 불쾌한 기분, '왜 나는 남들과 다를까' 하는 감정의 폭포다.

혹시 내면의 비판자에 관한 얘기에 별로 공감이 안 간다면 이런 건 어떨까? 당신은 큰맘 먹고 뭔가를 해볼까 싶다가도 잘 안 될 거라는 생각이 들어 지레 포기해버리는 사람은 아닌가? 혹은 구체적인 단어까지 동원하진 않아도 막연하게나마 자신을 다른 여자들과 비교하고 있진 않은가?

우리 인생에 감 놔라 배 놔라 하는 내면의 이사회는 우리가 임명하지도 않았는데 지들 마음대로 모여서 우리의 가치를 논하고, 그럴 때 우리는 괜히 자신을 남들과 비교하면서 그 이사회의 평가를 진실로 받아들이고 괴로워한다.

이 목소리는 어디서 나오는 걸까? 지옥의 똥통?

그래, 그건 지옥에서도 비루하기 짝이 없고 웬 머저리가 시장 행세를 하는 거지 같은 동네에서 나온다.

물론 농담이다. 진짜 어디서 나오는지는 계속 읽어보기 바란다.

나를 초라하게 만드는 것은
내가 아니다

〰〰〰

내면의 비판자를 만드는 첫 번째 요인은 우리가 태어난 가정이다. 어린 시절을 돌아보면 고통스러운 기억으로 점철된 음울한 공동묘지가 연상되는 사람도 있을 것이고, 그 고통이 구체적으로 기억나진 않아도 어렴풋한 느낌으로 남아 있는 사람도 있을 것이다.

내가 부모가 되어 보니 확실하게 알겠다. 우리는 우리 아이들이 학교와 사회에 잘 적응하기를 바라며 많은 것을 성취하기를 바란다. 자신 있게 살기를 바란다. 우리는 아이들이 자라는 동안 고난과 시련을 최대한 피할 수 있도록 도와주고 싶어 한다. 매일 아침 일어나서 '오늘은 또 어떻게 하면 우리 애한테 자격지심을 심어줄 수 있을까?'라고 생각하는 부모는 없다.

우리는 어디까지나 선의에서 아이들을 도와주려 하지만 그로 인해 아이들은 종종 자신이 부족하다는 느낌을 받는다.

헤더의 경우가 그랬다.

우리 집은 남들의 눈에 보이는 모습을 굉장히 중요하게 생각했다. 나는 일곱 살 때부터 내 몸을 혐오했다. 나는 어머니가 내 옷을 골라주는 것도 싫고 내 머리를 예쁘게 파마해주는 것도 싫었지만, 내색하지 않고 어머니가 하고 싶은 대로 하도록 내버려 뒀다. 나는 외모에 무척 신경을 쓰고 나 자신에게 굉장히 비판적인 아이였다. 청소년기에 접어들면서는 더욱 심해졌다. 순전히 외모로만 내 가치를 평가했다. 나는 나를 매력적이라고 생각하는 사람들, 특히 남자애들의 관심을 먹고 살았다. 그런 식으로 나의 가치를 확인하는 것에 중독됐다.

그런 태도가 마흔 줄에 접어든 지금도 여전히 나를 괴롭히고 있다. 내 내면의 비판자는 "한 2킬로쯤 더 빼고 주름 좀 어떻게 해야지, 이대로는 안 돼"라고 말한다. 외모가 전부가 아니라는 걸 알면서도 그런 목소리가 내 마음속 깊이 박혀 있다 보니 날마다 그런 생각과 행동을 바꾸기 위해 나 자신을 타일러야만 한다.

여기서 마지막 문장에 주목했으면 좋겠다. 외모가 전부가 아니라는 것을 알면서도 그런 생각을 극복하기 위해 날마다 노력해야 한다는 것 말이다.

사실 우리 모두가 그렇다. 내면의 비판자는 우리 마음속 깊은 곳에 들어앉아 있다. 그래서 매일 꾸준히 노력해야 한다. 내면의 비판자를 다스리려면 수많은 훈련이 필요하다.

내면의 비판자는 가족이 만든 헛소리뿐만 아니라 연인이나 부부 관계에서 나온 쓸데없는 말까지 뇌까린다. 언어폭력으로 물든 관계는 그 관계가 깨진 뒤로도 오랫동안 우리에게 영향을 미칠 수 있다. 상대방이 대놓고 폭언을 일삼지는 않았어도 외모든 뭐든 간에 꼬투리를 잡아서 은근히 깎아내리는 말을 했다면 그것 역시 문제가 될 수 있다. 그 사람은 농담이나 가벼운 장난으로 그런 말을 툭 던졌을지 몰라도 그것이 우리 안에 깊이 파고들어 우리의 생각에 착 달라붙어 버리면 내면의 비판자가 그 말을 계속 쏟아내기 때문이다.

다른 사람의 시선에 속지 마라

내면의 비판자를 키우는 두 번째 요인은 바로 문화다. 이런 말을 하면 "어휴, 말도 마요"라는 반응이 나올 테지만, 그래도 꼭 짚고 넘어가고 싶은 이유는 문화란 것이 워낙에 무시무시한 위력을 자랑하기 때문이다.

우리 문화는 여자들에게 너는 아직 부족하다, 너는 아직 덜 예쁘다, 너는 아직 덜 날씬하다 등등 무엇이든 아직 미흡하다는 느낌을 줘서 이득을 얻는 행위가 만연해 있다. 대기업들만 봐도 이런 수법으로 큰돈을 벌어 경제에 이바지한다. 일부 종교에서도 여자들을 고분고분하게 만들기 위해 스스로를 미천한 존재로 여기게 만든다.

그런가 하면 계층의식이 작용할 때도 있다. 내가 20대 초반에 데이트했던 남자는 우리 집 근처의 부촌 출신, 그러니까 '있는 집 자식'이었다. 그는 UC버클리를 졸업하고 MBA 과정을 밟고 있었다. 어쩌다 일과 장래에 대한 얘기가 나와서 내가 2년제 의류상품학과를 나왔다고 했더니 그는 피식 웃으면서 얼굴색 하나 안 바꾸고 "그런 것도 대학 졸업한 거로 쳐줘요?"라고 말했다.

내가 뜨악한 표정을 짓자 그는 얼른 정신을 차리고 사과했지만 그 말 속에는 분명히 뼈가 있었다. 내가 자기한테 부족한 사람이라는 것, 혹은 어디다 갖다 대도 부족한 사람이라는 것이었다. 설사 진심은 아니었다 해도(그 나쁜 새끼는 진심이었지만) 집안, 지역, 학교 같은 출신을 따지는 문화에서는 그런 말이 마음속에 깊이 파고들어 우리 자신에 대한 생각을 만들고 떨쳐내려 해도 좀처럼 떨쳐지지 않는다.

외모, 계층, 지위 같은 것이 바로 내면의 비판자에게 불을 지피는 도화선으로 작용한다. 인종과 성별도 마찬가지다.

내 동료인 안드레아 라네이 존슨(Andréa Ranae Johnson)은 "내가 흑인이자 여성으로서 지금까지 스스로에게 했던 부정적인 말들을 생각해보면 '나는 위험하다, 화를 내는 건 좋지 않다, 항상 차분해야 한다' 같은 것인데, 어릴 때부터 그런 생각을 주입받았기 때문"이라고 했다.

나에게 말하는 태도가 왜 중요할까

어쩌면 당신은 이미 부정적인 자기 대화가 몸에 뱄을지도 모른다. 이렇게 말하면 "그게 뭐 어때서? 남들한테만 친절하면 됐지, 내가 나한테 친절하든 말든 뭐가 중요해?"라고 말할 수도 있다.

당연히 중요하다. 왜냐하면 자기 자신을 연민하지 않고 습관적으로 자신을 질책하고 고약한 말을 하면 기분이 개떡 같아지기 때문이다. 지극히 당연한 이치다.

말로 자신을 폭행해 버릇하면 전반적인 행복감, 자신감, 자존감에 타격을 입는다. 인생의 다른 영역에서도 출혈을 일으켜 이 책에서 읽게 될 각종 잘못된 습관에 발동이 걸린다.

그리고 당신에게 부모나 자녀, 배우자, 연인, 친구가 있다면(그러니까 당신이 누구든 간에) 자기연민은 그들과 더 좋은 관계를 맺기 위해 반드시 필요한 요소다. 내가 감히 말하는데 자기연민에는 태산을 움직일 만한 힘이 있다. 자기 자신을 친절히 대하는 사람이 많아진다면 세상은 더 살기 좋은 곳이 될 것이다.

내면의 비판자가 하는 말 따위
무시해도 돼

〰〰〰

말로 자신을 폭행하는 게 어떤 것인지, 그 원인은 무엇이고 어떤 악영향을 미치는지 알았으니 지금부터는 과연 어떻게 해야 자신에게 나쁜 년이 되는 습관을 고칠 수 있는지 알아볼까?

자신에게 친절과 연민을 베풀고 내면의 비판자에게서 벗어나는 방법을 간단히 정리하자면 다음과 같다.

* 부정적인 자기 대화를 인지한다(당연한 소리를 하는 것을 양해해주시기를).
* 그런 대화를 촉발하는 도화선이 무엇인지 파악한다.
* 그런 대화를 다스리기 위한 기법을 열심히, 그리고 꾸준히 연습한다.

이 해결책의 출발점은 '자각'이다. 다시 말해 내면의 목소리가 밥맛없는 소리를 할 때 알아차려야 한다. 내면의 목소리가 도대체 무슨 말을 하는지 잘 들어보자. 이렇게 의식하는 것만으로도 반은 성공한 셈이다. 자기 안에서 무슨 일이 벌어지는지 알아차리지 못하면 내면에서 올라오는 목소리를 진실이라고 덜컥 믿어버리게 된다. 반대로 헛소리를 헛소리라고 콕 집어낼 줄 알면 그것을 변기에 집어넣고 시원하게 물을 내려버릴 수 있다.

내게 영향을 끼치는 말은 뭘까

부정적인 자기 대화의 웅덩이에 턱 밑까지 잠기기 전에는 그런 일이 자기 안에서 벌어지고 있는지조차 모르는 여자들이 참 많다. 아니면 그런 자기 대화를 너무 오랫동안 듣고 살아서 진실이라고 받아들이는 사람이 많거나.

그래서 내가 누누이 하는 말이, 일단 지금 자기 안에서 무슨 일이 벌어지고 있는지 정확히 파악해야 한다는 것이다. 그런데 이게 사실은 제일 어려운 일이다. 왜 그럴까? 그건 바로 우리가 '느낌'을 배제하려고 들기 때문이다.

세상에 오로지 '생각'과 '행동'만으로 성장을 도모하는 사람들의 모임이 있다면 나야말로 그 모임의 회장감이다. 그런데도 나는 우리가 '생각'과 '행동' 말고도 '느낌'을 동원해야만 행복한 삶을 일굴 수 있다는 사실을 깨달았다. 자기연민 역시 '느낌'을 통해서 가능한 일이다.

내 마음속에서 무슨 일이 벌어지고 있는지 알기 위한 가장 간단한 방법은 내면의 비판자가 하는 말을 쫙 정리한 목록을 만들어보는 것이다.

종이를 한 장 꺼내서 다음과 같이 자신의 인생에서 중요한 영역들을 적어보자.

* 연인/부부 관계
* 교우 관계
* 몸/외모
* 일/경력
* 양육
* 과거
* 미래

이제 자신에게 이렇게 물어보자. 각 영역에서 내면의 비판자가 구체적으로 무슨 말을 하는가?

그중에서 어떤 말이 인생에 가장 큰 영향을 미치는지 생각해보자. 물론 모든 말이 머리카락이 쭈뼛쭈뼛 설 만큼 중요할 테지만 그중에서도 유독 이 말이 내 행복에 큰 타격을 입힌다 싶은 게 몇 개 있을 것이다.

어떤 영역에서는 내면의 비판자가 별말이 없을 수도 있다. 예를 들어 현재 직장생활에 큰 문제가 없거나 연인과 사이가 좋다면 그럴 것이다. 그렇다고 없는 말을 억지로 지어낼 필요까진 없다. 내면의 비판자가 잠잠한 영역은 그냥 넘어가자.

그 밖의 영역에서는 자신을 갉아먹는 말이 무엇인지 솔직하게 써보자.

이렇게 내면의 비판자가 던지는 온갖 고약한 말을 싹 다 끄집어내는 것은 무척 괴로운 일이다. 그런데 왜 군이 그래야 하는 걸까? 어디가 더러운지 알아야 청소를 할 수 있기 때문이다. 그래서 나는 당신이 내면의 비판자를 아주 속속들이 알게 되기를 바란다.

방금 작성한 목록은 어디까지나 현재 상황을 적은 것인 만큼 다음 주, 또 그다음 주엔 바뀔 수도 있다. 만약 당신이 새로운 관계를 맺거나 새로운 인생의 목표를 설정한다면 내면의 비판자도 새로운 쓰레기를 던질 것이다. 그렇다면 정기적으로 이 목록을 작성하는 것도 나쁜 생각이 아니다. 그렇게 하면 내면의 비판자가 하는 말을 속수무책으로 받아들이면서 속만 끓이는 게 아니라, 그런 말이 나오는 순간 지금 내면에서 무슨 일이 일어나고 있는지 알아차리는 반사적 자각의 경지에 성큼 다가설 수 있을 테니까 말이다.

자신을 질책한다고 더 좋아질까

혹시나 채찍질을 그만두고 자신을 친절히 대하면 나태해지진 않을까 걱정스러울 수도 있겠다. 말하자면 자신이 현재에 안주하지 않도록 계속 엉덩이를 걷어차 줄 존재로서 내면의 비판자가 꼭 필요하다고 생각할 수 있다.

아마 이런 식으로 자신에게 자극을 주겠다는 계산일 것이다.

"와, 재니스가 이번에 15킬로나 뺐대. 제법인데? 재니스가 15킬로를 뺐으면 나는 20킬로는 뺄 수 있어."

"그 프로젝트를 망쳐버리다니 참 한심하다. 다음 달에는 일찍 출근하고 야근도 밥 먹듯이 하면서 더 좋은 성과를 낼 거야. 내가 얼마나 대단한 사람인지 보여주겠어."

"우리 그이는 탱글탱글한 엉덩이를 좋아하는데 요즘 내 엉덩이가 예전만 못하잖아. 더 펑퍼짐해지기 전에 스쾃 횟수 좀 늘립시다, 아줌마."

그런데 자매님, 우리 좀 솔직해집시다. 저런 말을 들으면 기분이 좋아지는가? 마조히스트가 아니고서야 그럴 리가 없다. 우리를 항상 기분 좋게 만들어주고 최종적으로 승리하는 게 뭔지 이미 잘 알지 않는가? 그것은 바로 자기 자신을 향한 사랑, 친절, 연민이다.

자신에게 언어폭력을 가하는 게 당장은 행동의 변화를 불러올지 몰라도 내가 장담하는데 그런 건 단기적인 효과에 불과하다. 결국에 가서는 개떡 같은 기분이 들면서 자신감이 깎이게 돼 있다.

내면의 비판자는 단순히 뇌리를 스치는 생각이 아니기 때문이다. 다음번에 거울에 비친 몸을 이리저리 뜯어볼 때, 혹은 배우자와 또 한판 붙었는데 다 내 잘못인 것 같을 때, 아니면 회사에서 실수를 저질렀을 때, 마음속을 들여다보며 물어보자. 나는 나를 어떤 사람이라고 믿고 있는가?

아마 이런 답이 나올 것이다.

"난 날씬하지 않아. 난 예쁘지 않아."

"난 애초에 사랑받긴 글러 먹은 인간이니까 절대로 건강한 연애는 못할 거야."

"남들은 다 할 줄 아는데 나만 못해."

"난 사기꾼이고 조만간 남들도 다 알게 될 거야."

내면의 비판자는 이런 생각을 우리에게 자꾸만 일깨워주는 게 제 할 일이라고 생각하는 것 같다. 어디 그뿐인가. 제 말이 진실이라는 증거를 찾아서 자꾸 들이민다.

"너도 봤지? 바지가 꽉 끼잖아. 아직도 살이 뒤룩뒤룩 쪄 있는 거라고."

"또 싸웠니? 넌 그냥 평생 혼자 살아야 할 운명이야."

"또 회사에서 사고를 쳤어. 어휴, 이 답답한 년!"

자기 자신에게 꼭 이런 식으로 말해야 할 필요가 있을까? 말로 자신을 폭행해봤자 절대로 행복, 성공, 건강, 기똥찬 삶을 쟁취할 수 없다. 진짜 해법은 꾸준히 나에게 연민과 친절을 베풀면서 조금씩 내 생각과 습관을 변화시켜나가는 것이다.

그게 싫으면 내면의 비판자라는 나쁜 년이 하는 말을 곧이곧대로 믿고 개떡 같은 기분으로 살든가. 어디까지나 선택의 문제다.

마음속 다이너마이트
꺼버리기

〰〰〰

내면의 비판자에게 불을 붙이는 도화선 중에는 쉽게 알아챌 수 있는 것들이 있다. 예를 들어 시어머니에게 애들은 그렇게 키우는 게 아니라고 지적당하면 당연히 자기가 못난 엄마처럼 느껴지면서 화가 난다. 그리고 인스타그램에서 모델이나 요가녀를 팔로우하면 당연히 자기가 부족한 사람으로 느껴진다.

하지만 개중에는 알아차리기 힘든 것도 있다.

우리에겐 어딘가에 소속되기를 원하는 본능적 욕구가 존재한다. 그래서 사람들이 나를 어떻게 보느냐가 그렇게 중요한 것이다. 나를 보는 '모든 사람'의 시선에 신경을 쓰는 문제에 대해서는 다른 장에서 자세히 다루기로 하고, 여기서는 내가 남들에게 어떻게 비칠까 걱정하는 태도가 내면의 비판자에게 얼마나 좋은 먹잇감인지만 알아보자.

* 인생에서 중요한 영역을 목록으로 만들자.

* 각 항목에 남들이 나를 설명할 때 절대로 쓰지 말았으면 하는 표현을 몇 개 적어보자. 예를 들면 연인/부부 관계에서 파트너에게 절대로 신경질적이고, 피폐하고, 불안정하고, 따분한 사람으로는 보이고 싶지 않을 것이다. 또 회사에서는 상사와 동료에게 무능하고, 무책임하고, 미숙한 사람으로 보이고 싶지 않을 것이다. 여기서는 모든 영역에 대해서 다 생각해보는 게 중요하다. 어떤 영역이든 그냥 건너뛰거나 대충 넘어가지 말고 진실하게 임하자.

* 그리고 각각의 표현이 자신에게 어떤 의미인지 생각해보자. 예를 들면 왜 파트너에게 절박한 사람으로 보이고 싶지 않은가? 참고로 이걸 생각해보라고 하는 이유는 어디까지나 자기 안에 그런 생각이 있다는 것을 자각하기 위해서지, 그런 생각을 바꾸기 위해서는 아니다.

이 기법 덕분에 내 인생이 바뀌었다고 하면 귀가 솔깃할지도 모르겠다. 이제 나는 내가 남들의 시선을 너무 의식한 나머지 나 자신을 말로 폭행하기 시작하면 그걸 곧장 알아차릴 수 있는 사람이 됐다.

예를 들어 내가 이 기법을 익히고 얼마 안 됐을 때 평소에 존경하고 진작부터 내가 운영하는 팟캐스트에 초대 손님으로 모시고 싶었던 여성과 인터뷰 약속을 잡게 됐다. 그분은 내게 오후 시간이 좋겠다고 했다. 사실 나는 오후엔 애들이 집에 있어서 다른 일을 하기가 힘들다. 불가능하진 않아도 무척 어렵다. 그런데도 나는 오후도 괜찮다고 말해버렸다.

며칠 후 마당에서 아이들과 놀고 있는데 3시 5분에 휴대전화로 메시지가 왔다. "저기, 우리 3시 인터뷰 맞나요?"

속으로 '어머, 미쳤어, 미쳤어, 미쳤어!'라는 탄식이 절로 나왔다. 인터뷰 약속을 까맣게 잊고 있었던 것이다.

얼른 답장을 보냈다. "정말 죄송한데 5분만 기다려주세요!" 나는 아이들에게 초콜릿과 아이패드를 던지면서 한 시간만 너희끼리 놀라고, 거기에 우리 가족의 삶이 걸렸다고 말하고는 황급히 2층으로 올라갔다.

인터뷰를 준비하는 5분 동안 그분이 나를 정신머리 없고, 못 미덥고, 미숙한 사람으로 생각하면 어쩌나 하는 걱정이 앞섰다. 그분에게, 그리고 나 자신에게 내 사정을 설명하고 싶은 마음이 굴뚝같았다. 그러다가 나도 모르게 또 나에게 언어폭력을 가하기 시작했다.

'정신 좀 차리고 살아. 저분이 나를 얼마나 한심하고 멍청한 인간으로 보겠어!?'

실수를 저지른 나 자신을 다짜고짜 물어뜯기 시작한 것이다. 신속하고 비열한 공격이었다. 하지만 곧장 사태를 파악하고 중단을 선언했다. 나 자신에게 '실수였잖아. 큰일 아니야. 사과하면 돼. 누구한테나 있는 일이야. 진짜로 이런 실수는 다들 하는 거잖아'라고 말했다.

그게 다였다. 그러고서 내가 해야 할 일을 했다.

여기서 주목할 부분은, 내가 굳이 나는 참 대단한 사람이라거나 그분이 나를 저평가하진 않을 거라고 말하지 않았다는 것이다. 나는 내가 찜찜한 마음을 달래려고 헛소리를 지껄이기 시작하면 바로 알아차린다. 그런 수작은 통하지 않는다. 그래서 나는 나 자신에게 진실을 말했다. 누구나 실수를 저지르고 내가 그리 큰 실수를 저지른 것도 아니며 내가 친 사고를 충분히 수습할 수 있다고 말이다. 그게 다였다.

또 하나 주목할 점은, 내가 이런 도화선들의 존재를 못마땅하게 여기지도 않았다는 것이다. 도화선은 우리 안에 깊이 박혀 있으며, 그건 사실 인간의 본성에서 뗄 수 없는 부분이기도 하다. 중요한 것은 도화선에 불이 붙은 걸 재까닥 알아차리고 자신에게 친절을 베푸는 것이다.

이게 바로 자기연민이다.

도화선을 알아차리고 극복하는 방법을 요약하자면 다음과 같다.

＊ 상습적으로 불이 붙는 도화선이 무엇인지 파악한다. 내가 사람들에게 구체적으로 어떤 모습으로 비치는 걸 두려워하는지 확인하고 확실히 알아둔다. 인생의 각 영역에 깔린 도화선을 솔직하게 파

헤치면 자기 자신을 모질게 대할 때 바로 알아차리도록 훈련할 수 있다.

* 도화선에 불이 붙었을 때 알아차린다. 실수를 저질렀을 때, 말다툼을 벌였을 때, 새로운 일을 시도할 때처럼 우리가 타격을 입을 가능성이 있을 때, 다시 말해 취약해졌을 때 우리는 반사적으로 반응하기 쉽다. 자신이 어떤 식으로 반응하는지를 알면 거기서 비롯되는 악순환을 신속하게 끊어버릴 수 있다.

* 자신에게 친절하게 말한다. 그렇다고 오버할 필요는 없다. 요점만 간단히 말하고 자신의 사정을 좀 봐둔다.

부단히 훈련해야 바뀔 수 있다

많은 여자들이 내게 스스로에게 언어폭력을 가하는 습관에서 벗어나 연민을 베풀게 되기까지 얼마나 걸렸는지 묻는다. 정확히 얼마라고 말하긴 어렵지만 한 3년쯤 지나니까 평소에 나 자신에게 말하는 태도가 크게 달라진 것을 느낄 수 있었다. 그 3년 동안 서서히 변화가 일어났는데 만약에 그냥 몇 주 시도해보고 당장 성과가 나오지 않는다고 포기해버렸다면 절대 불가능했을 것이다. 물론 더 짧은 기간에 되는 사람도 있을 것이다. 어찌 됐건 중요한 건 열심히 노력하는 것이다.

줄리의 얘기를 들어보자.

내면의 비판자를 다스리기 위한 훈련을 시작했을 때 나는 흥분되면서도 불안했다. 흥분됐던 이유는 수십 년간 나를 방해하던 존재를 마침내 다스릴 수 있다고 생각했기 때문이고, 불안했던 건 내가 왠지 잘 못 할 것 같다는 생각이 들었기 때문이다. 나는 이 훈련을 최우선으로 삼았다. 그래서 이제는 내면의 비판자가 나를 기죽이려고 하면 대번에 알아차린다. 그 목소리가 들리면 "오늘은 됐어!"라고 말하고 넘어간다.

당신이 이 장에 나오는 모든 기법에 공감하리라 생각하진 않는다. 일단 하나씩 시도해보고 마음에 들지 않는 기법은 무시해도 좋다. 그리고 마음에 들고 도움이 되는 기법은 필요할 때마다 꺼내 쓸 수 있도록 쌈지에 잘 보관해두기 바란다. 앞으로 '이제 내면의 비판자를 잘 다스리게 됐구나' 싶다가도 다시 옛날의 습관으로 돌아갈 때가 종종 있을 것이다. 아닌 게 아니라 내가 자주 듣는 말이 "그동안 잘하고 있었는데 남자친구와 헤어지고 나서 또 나한테 못된 소리를 하기 시작했어요"라는 것이다. 원래 인생이 그렇다. 모든 일이 뜻대로 되진 않는다. 그리고 내면의 비판자는 바로 그런 순간을 노린다. 그러니 그런 때일수록 더욱 주의를 기울이자. 정신만 바짝 차리면 된다.

나에게는 나를 사랑할 자유가 있다

〰〰

긍정적인 확신의 말이라는 것에 대해 들어본 적이 있을 것이다. 이 말은 긍정적인 말을 반복함으로써 부정적인 생각을 바꾸자는 것이다. 어휴, 혹시라도 내가 그따위 조언을 한다면 내 얼굴에 찬물을 확 끼얹어도 좋다.

그런다고 약발이 들을 리 없다. 마음속 깊은 곳에 있는 도화선에 불이 붙어 개떡 같은 기분이 됐을 때 온갖 미사여구를 동원해가며 자신에 대한 긍정적인 말을 해봤자 순식간에 기분이 좋아질리 없다는 말이다.

많은 여자들이 깊은 상처를 안고 있고 자기가 부족한 사람이라는 신념을 품고 있기 때문에 자신에게 언어폭력을 가한다. 그런 상황에서는 자기연민이란 게 어렵게 느껴질 수 있다. 오랫동안 자신에게 써온 말투는 쉽게 바뀌지 않는다. 그게 쉬웠으면 다들 그렇게 했겠지. 그랬으면 지금 우리가 훨씬 건전한 마음으로 자신을 친절하게 대하고 있을 것이다. 또 지금 이 책을 쓸 필요도 없었을 테고.

많은 사람이 자신에게 친절하게 말하기를 어려워한다. 그 심정 충분히 이해한다. 나도 가끔 그럴 때가 있으니까!

그래서 우리에게는 만트라가 필요하다.

만트라란 반복해서 말하는 강력한 단어나 문장을 뜻한다. 내면의 비판자가 또 날 폭행하는 소리가 들릴 때 내가 애용하는 만트라를 몇 개 소개하자면 다음과 같다.

* 네 말 들리는데 안 들을래.
* 말해줘서 고마운데 그냥 넘어갈게.
* 그런 거로 마음고생 하기 싫으니까 그냥 신경 안 쓸래.
* 어머, 내가 또 그랬구나(요즘 내가 제일 많이 쓰는 말!).

내면의 비판자가 공격할 때 이런 질문을 던져도 좋다.

* 내가 또 무슨 얼토당토않은 얘기를 지어내고 있는 거지?
* 지금 내가 정말로 두려워하는 게 뭐지?
* 그 말이 사실이야?

마음속의 대화를 자각하되 굳이 거기에 대고 닥치라고 일갈할 필요까진 없다. 지금 우리에게 필요한 것은 어디까지나 '자기 연민'이라는 걸 잊지 말자!

캐럴 에머리 노르만디(Carol Emery Normandi)와 로렐리 로아크(Laurelee Roark)가 쓴 《먹는 게 문제가 아니다It's Not About Food》라는 책에 이런 말이 나온다.

"다정하게 말하자. 지금 당신이 마주하고 있는 것은 이제껏 당신과 전쟁을 벌여온 당신의 일부분이다."

사람들과 이 훈련을 하다 보면 "내면의 비판자에게 '지랄 마!'라는 만트라를 퍼부어주겠어요!"라는 말을 많이 듣는다. 강경하게 대응하는 것도, 각자에게 효과가 있는 기법을 쓰는 것 역시 찬성이지만, 이 부분에 대해서는 얘기를 좀 할 필요가 있을 것 같다.

아마도 당신은 지금까지 말로 자신을 참 많이도 때렸을 것이다. 그래서 나는 당신이 이제 그만 진정하고 천천히 야구방망이를 내려놓을 수 있게 도와주고 싶다. 스스로에게 증오를 표출하는 게 몸에 배어 있다 보니 내면의 비판자도 똑같은 방식으로 대해주는 게 자연스럽게 느껴질 테지만, 그래봤자 기운만 빠진다. 더는 그 악당과 싸울 필요가 없다.

자신에게 물어보자. 뭐가 더 기분이 좋을까? 내면의 비판자에게 지랄 말고 지옥불에나 떨어지라고 소리치면 당장은 승리감이 몰려올지 몰라도 결국에는 어떻게 될까?

내면의 비판자도 당신의 일부분이다. 그러니까 당신 안의 크나큰 두려움, 망신당할까 무서워하는 마음, 과거와 현재의 고통의 표현인 것이다. 내면의 비판자는 우리에게서 완전히 분리될 수 없다. 내면의 비판자는 내 안의 공포에서 싹트고, 그 취지는 나를 안전하게 보호하는 것이다. 비록 말본새가 돼먹지 못하긴 했지만 걔가 나쁜 년처럼 군다고 나까지 나쁜 년이 될 필요는 없다.

그러니까 일단은 내면의 비판자에게 되도록 중립적인 반응을 보이자.

애정 어린 편지 쓰기

자기연민의 핵심은 나에게 말할 때 사랑하는 사람에게 말하듯이 하는 것이다.

가령 회사에서 당신이 신뢰하고 아끼는 직원이 실수를 저질렀다고 해보자. 그녀는 지금 자기 자리에 앉아 큰소리로 자책하고 있다. "어휴, 이 밥통! 이 멍청이! 신입도 아니고 그런 실수를 저지르면 어쩌자는 거야!" 그러고서 울음을 터트릴지도 모른다.

이럴 때 그냥 가만히 있을 텐가? 아니면 한술 더 떠서 "한심한 거 잘 아네. 그냥 사표 써. 짐 싸는 거 도와줄까? 자, 여기다 담으면 되겠네"라고 말할 텐가?

설마! 아마도 당신은 옆에 앉아서 다정하고 연민 어린 목소리로 사람은 누구나 실수를 한다며 위로할 것이다. 그러면서 어떻게 도와주면 사태가 수습될지 물을 수도 있겠고, 지금까지 회사에서 잘한 일을 하나하나 상기시켜줄 수도 있다.

이제 그런 친절을 나에게 베풀 차례다.

자기 자신을 그렇게 다정하게 대하는 연습을 하자. 사실 대부분의 여자들에게 어려운 일이다. 우리는 자신을 말로 폭행하도록 프로그래밍 되어 있어서 그 반대로 하는 게 처음에는 이상하게 느껴질 수 있다. 그러니 도중에 이상한 감정이 벌컥벌컥 올라와도 놀라지 말자.

일단 이렇게 한번 해봤으면 좋겠다. 종이를 한 장 꺼내거나 일기장을 펼쳐서 나한테 편지를 써보자. 실패했다고 느꼈던 일에 대해 쓰고 그때 친구에게서 들었으면 좋았을 말을 해보자. 예전에 저질렀던 실수에 대해 써도 좋고 요즘 자신에게 유독 심한 언어폭력을 가하고 있는 영역에 대해 써도 좋다. 이게 친구에게 보내는 편지라면 어떻게 쓰겠는가?

아마도 이런 식이 되지 않을까.

제니퍼에게

요즘 출산 후 살 뺀다고 힘들지? 그러다 보니 너 자신을 모질게 대하고 있는 것 같아. 수영복도 안 입으려 하고, 사진도 안 찍고, 네 몸을 막 미워하면서 말이야. 있잖아, 내가 너한테 해주고 싶은 말이 있는데…….

우선은 그냥 두어 줄 쓰는 것을 목표로 해서 어떤 내용이 나오는지 보자. 이때 딱 하나 지켜야 할 원칙이 있다면 자신을 사랑하고 연민하는 마음으로 써야 한다는 것이다.

사과 편지를 써도 좋다. 당신은 그런 편지를 받을 자격이 있다. 자신을 더 친절히 대하지 못한 것을 사과하고 앞으로 어떤 식으로 태도를 바꾸겠다는 다짐을 적자.

예를 들면 이렇게 쓸 수 있을 것이다.

트레이시에게

지난 수십 년 동안 너한테 막말한 거 사과할게. 지금까지 못되게 군 거 미안해. 나도 내가 매정하게 대한 것에 대해 죄책감을 느끼고 있어. 이제까지는 그런 식으로 말했지만 앞으로는 더 잘할게. 우리 힘을 내서 이 어려움을 극복해보자.

그렇다고 "앞으로 죽을 때까지 다시는 너한테 그런 식으로 말하지 않을게"처럼 거창한 약속은 하지 않았으면 좋겠다. 우리의 목표는 어디까지나 현실성 있는 약속을 하는 것이지, 또 다른 실패와 자책의 빌미를 만드는 게 아니다! 그러지 말고 "새로운 말투를 연습할게"나 "내가 또 막말하면 얼른 정신 차리고 말투를 바꿀게" 같은 다짐을 적어보자.

이 기법은 큰 힘을 발휘한다. 머릿속에 있는 말을 글로 표현하면 생각이 머릿속에서만 맴돌다 사라지는 게 아니라 행동을 통해 구체적인 형태로 나타나기 때문이다.

나를 용서해야 자유로워진다

이제 자기연민을 위해 꼭 필요한 행위에 대해서 얘기해볼까 한다. 그건 바로 나 자신을 용서하는 것이다.

왜 자신을 용서해야 할까? 그러지 않으면 마음속에 무거운 짐을 떠안고 살게 되는데 그 짐이 내면의 비판자에게 좋은 먹잇감이기 때문이다. 나를 용서하는 건 나에게 친절과 연민을 베푸는 것과 떼려야 뗄 수 없는 행위다.

솔직히 말해서 자기 용서는 좀 어렵게 느껴질 수 있다. "방법은 간단해요. 지금부터 소개하는 3단계만 따라 하면 금방 마음속의 무거운 짐을 홀홀 털어버릴 수 있어요!"라고 거짓말을 하고 싶진 않다. 때론 수치심, 죄책감, 슬픔, 트라우마까지 동반할 수 있다. 혹시 당신이 한 일로 깊은 수치심을 느끼고 있다면, 특히 그 일로 트라우마까지 생겼다면, 예를 들어 어떤 사람의 죽음에 책임이 있다고 생각하거나 자기로 인해 누군가가 가혹한 일을 당했다고 생각한다면, 심리상담가를 만나보는 편이 좋다.

하지만 스스로를 용서해야 할 일이 그처럼 심각한 수준은 아니라면(그렇다고 대수롭지 않게 여기고 넘어가도 된다는 말은 아니다) 써볼 만한 방법이 몇 가지 있다.

먼저 그 문제가 무엇인지 구체적으로 설명해보자. 혹시 후회가 되는 결정을 내렸는가? 좋지 않은 상황을 자초했는가? 현재나 과거의 어떤 일이 자꾸 마음에 걸리는가? 그렇게 계속 자신을 말로 폭행하거나 '처벌'하게 만드는 일이 무엇인지 생각해보자. 예를 들면 이런 문제가 있을 수 있다.

* 몰래 바람을 피웠다.
* 나를 학대하는 사람과 관계를 끊어야 하는 줄 알면서도 꾹 참았다.
* 낙태한 일을 지금도 후회하고 있다.
* 오늘 아침, 혹은 과거에 아이에게 쌀쌀맞게 굴었다.
* 내가 필요한 사람에게 등을 돌렸다.

꼭 이런 게 아니라도 슬픔, 자기학대, 수치심 같은 것을 방치하고 있는 자신을 용서해야 할 필요가 있을 수도 있다. 혹은 목표에 아직 이르지 못했다고 스스로를 말로 폭행하기도 한다. 그런데 성취는 하루아침에 이뤄지지 않는다. 물론 머리로는 알면서도 마음으로는 아직도 멀었냐고 자신을 다그치게 되지만 말이다.

자신을 용서하는 게 무엇이라 생각하는가? 많은 사람이 자신을 용서하려 하지 않는 이유는, 자신의 과오를 평생 짊어지고 가는 게 마땅하다고 생각하기 때문이다. 그렇게 고통을 받고 자신을 질책하는 게 속죄의 길이라 생각한다.

혹시 자신을 용서한다는 게 자기가 한 짓은 아무 문제가 없었다고 말하는 거라고 생각한다면, 혹은 자기를 용서하면 똑같은 짓을 저지른 사람들의 과오도 다 눈감아줘야 한다거나 자기 용서는 자기 행동에 대한 책임을 지지 않는 행위라고 생각한다면 오산이다.

자신을 용서한다는 것은 그런 게 아니다. 자기 용서는 내가 인간이라는 사실을 자각하는 것, 그리고 내 인간적인 결함에 대한 죄책감에서 그만 해방될 자격이 있다는 것을 자각하는 일이다.

그러자면 내가 후회하고 있는 그 일이 실제로 발생했던 일이라는 사실을 인정해야 한다. 무슨 뚱딴지같은 소리인가 싶을 수도 있겠지만, 사실 우리는 실제로 일어났던 일을 부인할 때가 많다. 그걸 인정해버리면 자신의 행동에 대한 책임을 지고 더 나아가 그에 대한 보상을 해줘야 할 수도 있기 때문이다. 또 다른 이유는, 실제로 일어난 일을 완전히 인정해버리면 지금껏 애써 외면해온 감정을 있는 그대로 느껴야 할 수도 있기 때문이다.

그렇다고 자기를 용서한답시고 자기학대의 구덩이로 뛰어들라는 말은 아니다. 나는 자기 용서의 결과물이 자기연민이기를 바란다. 하지만 자신이 저지른 일에 양심의 가책을 느낀다면 상대방에게 용서를 구할 필요가 있다. 양심의 가책은 잘못된 행동에 대한 깊은 후회나 죄책감을 뜻한다. 죄책감은 변하고자 하는 마음을 불러일으킬 수 있다는 점에서 좋은 것이다. 죄책감으로 인해 우리는 잘못에 대해 보상을 하고, 교훈을 얻고, 다음에는 더 잘하는 방향으로 발전할 수 있다.

죄책감 말고도 공포, 증오, 분노, 수치심, 좌절감, 당혹감 등등 다른 감정을 인정하는 것 역시 중요하다. 혹시 지금 그런 감정 중 하나라도 외면하고 있진 않은가? 그만 마음의 빗장을 풀고 있는 그대로 느껴야 할 감정에 주목해보는 건 어떨까. 자신이나 타인을 용서할 때는 이런저런 감정이 일어나기 마련이다. 어떨 때는 빌어 먹으리만치 많은 감정이 들불처럼 일어나기도 한다. 지극히 정상 적인 일이고 반드시 겪어야 할 현상이다. 그러니 그런 상황이 닥 쳐도 당황하지 않도록 미리 마음의 준비를 해뒀으면 좋겠다.

자신을 용서하는 과정에서 다른 사람에게 보상을 해야 하는 순 간이 올 수도 있다. 이때는 순전히 내가 두 다리 쭉 뻗고 자자고 막 무가내로 사과나 보상을 하려고 들면 안 된다. 긁어 부스럼을 만 드는 일은 없어야 한다.

예를 들어 유부남과 바람을 피운 것 때문에 그의 부인에게 보상 을 해야 할 것만 같은 기분이 든다고 해보자. 이때 분란만 생길 게 뻔하다면 가만히 있는 편이 낫다. 그래서 심리 치유와 관계 회복 을 위한 프로그램에서는 '누군가에게 상처를 줄 수 있다면' 차라 리 보상을 하지 말라고 가르친다. 섣불리 행동하지 말고 상대방의 입장을 먼저 헤아리라는 뜻이다.

또 거꾸로 자기 용서의 기준이 저쪽에서 내 사과를 받아주느냐

안 받아주느냐가 돼서는 안 된다. 상대방은 내 사과를 받아줄 수도 있고 안 받아줄 수도 있다. 이 세상이 완벽한 곳이라면 상대방은 사과를 받아들이고 우리를 얼싸안고 펑펑 운 다음 행복하게 살 것이다. 하지만 중요한 건 그런 게 아니다. 정말 중요한 건 내가 양심의 가책을 외면하지 않고 그것을 표현하는 것이다. 그러니까 미안하다고 말하기 전에 먼저 그 결과에 연연하지 않기로 결심해야 한다.

자기 용서를 위해 유용하게 쓸 수 있는 만트라가 있다.

"나는 인간이다. 그래서 잘못을 저질렀다."

사실이 그렇다. 우리가 잘못을 저지르는 이유는 나쁜 사람이어서가 아니라 인간이기 때문이다.

양심의 가책을 해소하고 자기를 용서하려면 시간이 걸리기 마련이다. 한 번에 뚝딱 이뤄지지 않는다. 물론 금방 되는 사람도 있겠지만 보통은 몇 달, 몇 년 동안 훈련하고 성장해야 비로소 자기를 용서할 수 있다.

용서는 망각이 아니라는 점도 잊지 말았으면 좋겠다. 우리는 잘못에서 교훈을 얻고 그 경험을 길잡이로 삼을 수 있다. 죄책감이든 뭐든 느껴서는 안 되는 감정이란 없다. 중요한 건 수치심을 깨끗이 비우고 과거의 기억에서 비롯되는 자책의 말을 뺑 차버리는 것이다.

당신이 자신에게 하는 말은 당신의 성장과 행복에 지대한 영향을 미친다. 엄청나게 중요하다. 그리고 당신이란 존재 역시 중요하다. 그러니 이제부터 열심히 노력하겠다고 다짐했으면 좋겠다. 나는 이를 통해 인생이 완전히 달라진 사람들을 여럿 봤다. 당신도 자신을, 그리고 인생을 아끼고 사랑하게 될 날이 오리라고 믿어 의심치 않는다.

 어려워도 답해야 할 질문

- 평소에 무엇 때문에 자신에게 언어폭력을 가하는가?
- 내면의 비판자가 구체적으로 뭐라고 말하는가?
- 부정적인 자기 대화가 어디서 비롯되는지 콕 집어 말할 수 있는가? 그렇다면 그 원인은 무엇인가?
- 스스로 통제할 수 있을 만한 도화선이 있는가? 그렇다면 이제부터 그것을 어떻게 다스리겠는가?
- 자신에게 용서를 베풀어야 할 일이 있는가? 그렇다면 그러기 위해서 어떤 노력을 기울일 것인가?

2장

제발 나 좀
혼자 내버려 둬

고립에서 벗어나 관계 맺기

자신을 고립시키면
외로워진다

우리는 혼자 살 수 없다. 과학에서도 인간은 원래부터 서로 관계를 맺도록 만들어졌다고 말한다. 그게 바로 우리의 존재 이유라고 말하는 사람도 있다. 그런데 지금 우리는 그 어느 때보다 고립돼 있다.

나를 찾아오는 여자들에게 나는 지금 그들의 삶에 어떤 식으로 지원망이 갖춰져 있는지 묻는다. 교우 관계가 어떠냐고 묻는 것이다. 그러면 대부분이 사실 그쪽으로 고민이 많다고 대답하고, 또 친구가 있어도 일부러 피하면서 자신을 고립시키거나 숨어버릴 때가 많다고 말한다.

어쩌면 당신도 그런 사람일지 모르겠다.

다른 사람의 도움이 필요한데도, 심지어는 위기가 닥쳤는데도 도움을 요청하지 않는다. 도움을 요청하고 싶으면서도 아마도 다음과 같은 생각 때문에 단념해버릴 것이다.

'아무도 내 문제에 대해 듣고 싶어 하지 않아.'
'크리스티한테는 이런 문제가 없잖아. 망신스러워서 이런 얘기
못 꺼내겠어.'
'나 혼자 해결할 수 있어. 끝까지 밀어붙이면 돼.'

이렇게 온갖 핑계를 대며 도움을 요청하지 않는다.

이런 식으로 고립을 자초하는 사람들이 전부 어디 속세를 떠나
살고 있는 건 아니다. 흡혈귀처럼 낮에는 어둠 속에 숨어 지내다가
밤이 되면 튀어나오는 사람들도 아니다. 여기서 자신을 고립시키
고 숨는다는 말은 실제로 어딘가에 틀어박혀서 안 나온다는 뜻이
아니라 마음 상태가 그렇다는 뜻이다. 말하자면 자신의 문제와 불
안한 마음을 남들에게 보여주지 않는 것이다. 사실 이런 습관이 있
는 사람들은 대부분 활달하고 사교적이라서 인생을 아주 잘 살고
있는 것 같은 인상을 준다. 겉으로는 부족함이 전혀 없어 보인다.

하지만 그 속을 들여다보면 외로움, 불안, 두려움이 도사리고
있다.

내 수업을 들은 웬디가 그랬다.

일이 안 풀리거나 문제가 있을 때 나는 전혀 내색을 안 한다. 내 사정을

털어놓고 위로나 조언을 듣기보다 꼭꼭 숨기는 게 더 편하기 때문이다. 일이 안 풀린다는 건 내가 최선을 다하지 못했다는 뜻이라고 생각해서 나 자신을 모질게 질책한다. 속이 문드러지고 일이 손에 잡히지 않는데도 아무 일 없는 척하면서 친구들 일에 나서고 평소에 즐겨 하는 활동을 한다. 그렇게 숨어버리고 나면 마음이 마취된 듯한 느낌이 든다. 홀로 온 세상에 맞서고 있는 기분이 들면서, 내가 얼마나 한심한 인간인지 남들이 알게 될까 봐 무서워서 견딜 수가 없다.

자기를 고립시키고 숨어버리는 습관의 밑바닥에는 두려움이 깔려 있다. 남들에게 절박한 사람으로 보일까 봐, 비판을 받을까 봐, 내 문제와 고통으로 누군가에게 부담을 줄까 봐 두려운 것이다. 웬디가 그랬다. 그녀는 혹시나 우정의 선을 넘어버릴까 두려워했고, 남들이 다 자신을 부족함 없는 사람으로 봤으면 좋겠는데 자신의 실체가 탄로 날까 두려워했다.

지금 겪고 있는 문제만으로도 기분이 개떡 같은데, 거기에 자기가 남들에게 짐이 되거나 비판을 받을지도 모른다는 두려움까지 끼어들고, 한술 더 떠서 세상에 나 혼자만 이런 문제를 겪고 있다는 생각까지 더해지니 판단력이 똑똑히 발휘될 수가 없다. 차라리 도움을 요청하지 않는 게 낫겠다고 속단하게 된다. 이런 여자들은 '친구한테 전화를 해보면 어떨까?'라고 고민하지 않는다. 누가 잘 지내냐고 물으면 솔직히 말할까 말까 고민하지도 않고 대뜸 잘 지낸다고 말해버린다.

이렇듯 자신을 고통 속에 고립시키고 숨어버리는 게 습관이 된 여자들은 애초부터 자신의 고통을 얘기할 마음이 없다. 그건 너무 위험한 짓이라고 생각한다.

무의식중에 고립을 자초하는 사람

어떤 사람들은 자기가 자꾸만 숨고 고립을 자초하는 이유가 수줍음이 많거나 내성적인 성격 때문이라고 말한다. 물론 성격도 영향을 미칠 수 있겠지만 실제로는 과거의 경험이 주된 원인인 경우가 많다. 예를 들면 누군가에게 도움을 요청하거나 누군가가 당연히 도와줄 줄 알았는데 거절을 했거나 왜 그렇게 의존적이냐는 비난을 받았던 적이 있다. 이처럼 어떤 경험이 진짜 원인인지 정확히 파악한다면 이런 습관을 극복하는 데 도움이 된다.

레이철의 얘기를 들어보자.

내가 자꾸만 숨기 시작한 것은 열한 살 때부터다. 다쳐서 아프다고 하는데도 누구 하나 믿어주지 않았을 때로 거슬러 올라간다. 다들 꾀병이라고 생각했지만 결국에는 수술을 받아야 했다. 그 일로 '내 고통 따위에는 아무도 관심이 없어'와 '아프다고 해봤자 어차피 아무도 안 들어줘'라는 믿음이 생겼고, 그래서 누구에게도 고통스러운 티를 내지 않기로 결심했다. 내 감정을 있는 대로 틀어막고 남들 눈에 나약하게 보일 만한 것은 모두 꼭꼭 숨겼다.

고등학교 때 같이 어울려 다니는 좋은 친구들이 있었지만 안 좋은 일이 있거나 심각한 문제가 있을 때마다 숨기기에 급급했다. 아무도 내 문제에 관심을 보이지 않을 것 같아서 두려웠다. 몇 번인가 얘기해보려고 했지만 목이 콱 메면서 눈물이 나오는 바람에 속에만 담아뒀을 때보다 더 기분이 안 좋아졌다. 그런 경험을 하고 나면 답답하고 불편하니까 더 말을 안 하게 됐다.

어쩌면 당신에게도 레이철과 비슷한 사연이 있을지 모르겠다. 그러니까 어떤 사건으로 인해 자신의 감정이나 문제를 얘기하는 게 나쁘다는 생각이 박혔을지도 모른다. 아니면 어릴 때 주변에 자신의 감정을 얘기하는 사람이 아무도 없었던 것이 이유일 수도 있다.

물론 명백한 이유가 생각나지 않을 수도 있다. 그래도 괜찮다. 사실 이 책에서 지적하는 습관들은 서로 중복되는 부분이 많은데, 자신을 고립시키고 숨어버리는 행태는 완벽함과 강인함을 추구하는 습관과 맞닿아 있다. 이런 습관을 버리려면 취약성을 수용해야 한다. 하지만 많은 사람이 어릴 때 집에서 그런 걸 보고 들은 적이 없을 것이다. 그래서 방법을 배우지 못했을 테고 왜 중요한지조차 들어본 적이 없을 것이다. 그러니까 어른이 돼서도 그렇게 못하는 게 당연하다.

원인이 뭔지 반드시 따져봐야 한다. 이때는 일기에 이렇게 써보면 도움이 된다. '다른 사람에게 도움을 요청하면 어떤 일이 일어날 거라고 생각하는가?', '내가 두려워하는 것은 무엇인가?' 이런 질문을 통해 밝혀지는 우리 안의 두려움은 이성적으로 생각하면 얼토당토않은 것이지만 시간이 지나면서 진실처럼 믿는 경우가 많다.

아무도 내 맘을 모를 거라 생각한다면

그야말로 완벽해 보이는 남자와 연애를 한 적이 있다. 하지만 알고 보니 그는 완벽함과 거리가 먼 사람이었고 우리의 관계는 금세 내리막길을 걷기 시작했다. 이혼한 지 얼마 안 됐던 나는 그 여파를 제대로 감당하지 못했고, 그래서 그 새로운 연애가 피폐한 현실에서 쉽사리 도피하는 수단이 됐다. 이혼 과정이 무척 추잡하고 힘들었기 때문에 솔직히 친구들도 다들 어떻게 도와줘야 할지 몰랐다. 설사 도와주려 했다고 할지라도 일단 나부터가 너무나 수치스럽고 굴욕스러워서 아무도 만나고 싶지 않았다. 그래서 친구들이 우정의 뒷문으로 살금살금 빠져나갈 때 일부러 딴청을 피우며 모르는 척, 관심 없는 척했다.

몇 달이 지나고 그 완벽한 줄 알았지만 사실은 딴판이었던 남자와 관계가 악화되자 숨어버리는 내 습관도 더욱 심각해졌다. 친구들의 메일에 답장을 하지 않았고(어떨 때는 몇 주씩이나 개인 메일을 확인하지도 않았다) 문자나 전화도 싹 무시했다. 어쩌다 친구들과 얘기를 하게 돼도 문제없이 잘살고 있다고 거짓말했다.

내 실체가 탄로 날까 너무 두려웠다. 내 안에서 몰아치는 고통과 감정의 소용돌이를 어떻게 다스려야 할지 몰랐다. 그 감정의 광풍을 느끼지 않으려고 사랑(잘못된 사랑), 쇼핑, 음주, 파티 등 갖은 수를 다 써봤고 무엇보다 사람들로부터 숨으려고 했다. 내 삶을 똑바로 마주할 자신이 없었다. 나도 내 삶을 참을 수가 없는데 어떻게 남들한테 내 삶을 내보이며 도와달라고 할 수 있었겠는가.

나는 인생에서 최악의 상황에 처해 있다고 생각했고, 나 자신도 내 얘기를 견딜 수가 없으니 남들은 말할 것도 없다고, 당연히 나 같은 인간을 도와주지 않을 거라고 속단했다. 누가 인생을 말아먹은 인간의 영양가 없는 넋두리를 듣고 손을 내밀어줄까 싶었다. 다 내가 자초한 일이니 나 홀로 감당해야 한다고 생각했다. 나 자신에게 사랑의 매를 휘두르고 있었던 것 같기도 하다.

그런데 동지여, 그런 생각은 무조건, 정말로 무조건 우리를 더 아프게 만든다. 하지만 거기서 빠져나올 방법도 분명히 있다.

이제부터 얘기할 게 바로 그것이다.

단 한 명이라도
진짜 내 편이 필요한 이유

〰〰〰

    자기를 고립시키고 숨어버리는 습관은 고치기 어려울 수도 있다. 다른 사람들에게 도움을 요청하려면 약한 모습을 보여야 하는데, 그러자면 겁이 나기 때문이다. 그것도 조금 나는 게 아니라 더 럽게 많이 난다. 왜냐하면 외면을 당하거나, 퇴짜를 맞거나, 비판을 받을 가능성이 있으니까(설사 상대방이 내색을 하지 않더라도 '감'으로 알 수 있다). 간단히 말해 타인에게서 받고 싶은 걸 못 받을 수 있다. 그래서 너무 위험한 것 같고 속사정을 너무 많이 보여주게 될 것 같기도 해서 입을 꾹 다물게 된다.

    그리고 레이철의 말처럼 많은 사람이 나약함을 결점으로 본다. 나와 상담할 때 레이철은 남에게 민감한 문제를 털어놓는 사람을 경멸한다는 말까지 했다. 어떤 문제가 있을 때 자신을 모질게 비난하는 버릇이 있다 보니 다른 사람에게서도 약점 같은 게 보이면 쉽게 비난했다.

주변에서 종종 듣는 말이, 친구들을 다 챙기자면 몸이 열 개라도 모자랄 지경이라는 것이다. 아나는 "친구들 일에 할 수 있는 한 최선을 다하지 않으면 친구로서 실격인 것 같은 느낌이 들어요"라고 말했다. 정작 자기가 절박할 때는 친구들에게 손을 내밀지 않으면서 친구들에게는 든든한 버팀목이 돼줘야 한다고 생각한다. 그래서 다른 사람에게 무슨 일이 있으면 적극적으로 나서면서 자기한테 무슨 일이 생기면 남들에게는 그러질 못하게 한다. 많은 여성이 남의 약한 모습을 보는 건 좋아하면서 자신의 그런 모습을 보여주는 건 또 질색한다.

선택의 갈림길에 섰을 때, 그러니까 도움을 청할 것인가, 침묵을 지키며 고립될 것인가 중 하나를 선택해야 할 때, 그 두 가지가 모두 무섭게 느껴질 수도 있다.

도움을 요청하면 내가 느끼는 감정이 모두 까발려질 수 있다. 그렇다고 침묵을 택하면 외로움과 고립감을 감수해야 하고, 그로 인해 또 다른 몹쓸 습관(감정의 마취, 부정적인 자기 대화, 그 밖에 이 책에서 지적하는 모든 습관)이 심해져서 고립이 더욱 심해질 수 있다. 어느 쪽이든 쉽게 선택할 수 있는 문제가 아니다. 하지만 당신은 이미 침묵을 택하는 데 익숙해져 있고, 그것이 만드는 끝없는 악순환에 빠져 있을 것이다.

그렇다고 당장 친구에게 전화를 걸어 신세한탄을 쏟아내라는 말은 아니다. 물론 눈물 바람으로 스타벅스 바리스타의 어깨에 기대서 가장 내밀하고 어두운 비밀을 털어놓으라는 말도 아니다. 일단 지금은 이렇게 생각해봤으면 좋겠다. 인생의 막바지에 이르렀을 때 의지할 만한 사람들을 찾지 않은 삶을 후회하고 싶은가? 혹은 친구와 더 돈독한 관계를 맺지 않은 걸 후회하고 싶은가?

우리는 용감하게 나약함을 받아들여야 하고, 자신을 보호하기 위해 세운 장벽 너머로 시선을 옮겨서 그 장벽을 뚫고 사람들에게 다가가야 한다. 그러다 실패하더라도 다시 일어나 도전해야 한다.

우리는 모두 불완전한 존재니까 실패하는 게 당연하다. 성장의 길은 절대 순탄하지 않고 헛발질과 실패로 점철되어 있다. 하지만 내가 장담하는데 일단 그 길에 들어서면 점점 가속도가 붙고 자신감이 붙는다. 그리고 또 당신은 절대로 혼자가 아니다. 세상에는 지금 당신처럼 고민하는 여성이 한두 명이 아니고 그들도 당신처럼 두려움을 느끼고 있다. 그리고 계속해서 나약함을 받아들이는 훈련을 하면 고난과 역경을 헤치고 결국에는 당신이 진심으로 원하는 사랑과 결속감을 누리게 될 것이다.

우리에게는 친밀한 우정이 필요하다

내게 상담을 받으러 오는 사람들에게 나는 살면서 의지할 만한 친구가 한두 명쯤 있냐고 물어본다. 우리는 우정을 과소평가하고 대수롭잖게 여긴다.

우리가 우정을 중요하게 여기지 않게 된 데는 여러 가지 이유가 있다. 우리는 그런 우정을 별로 가치 있게 여기지도 않거니와 그런 우정 앞에서 지레 겁을 먹는다. 우리 중에는 과거에 친구에게 배신을 당하고 다시는 아무도 신뢰하지 않기로 결심한 사람이 꽤 많이 있다. 또 어떤 사람들은 매일 통화하고 일주일에 한 번은 만나야 모름지기 친구라 할 수 있고 그런 친구가 최소 열 명은 있어야 하는데 자신은 집에서 텔레비전을 보면서 누워 있는 걸 좋아하니 애초에 무리라고 생각하고 단념해버린다.

내 동료이자 《친밀한 우정Frientimacy》의 저자인 샤스타 넬슨(Shasta Nelson)의 말을 빌리자면 "우리가 외로움을 느끼는 이유는 아는 사람이 별로 없어서가 아니라 친밀감을 느끼는 사람이 별로 없어서"이다.

그렇다고 날마다 페이스북으로 할 말 못 할 말 다 떠들라는 소리는 아니다. 내 말은 '연민하는 목격자'라고 할 만한 사람을 한두 명쯤 찾아보자는 것이다.

이 책에서 말하는 다른 모든 습관과 마찬가지로 자신을 고립시키고 숨어버리는 습관을 타파하려면 가장 먼저 자신에게 그런 습관이 있다는 걸 깨달아야 한다. 나도 내가 모든 사람을 피해서 숨고 있다는 사실을 모르던 때가 있었다. 하지만 이 장을 읽으면서 당신의 머릿속 전구에 반짝 불이 들어왔다면 참 반가운 일이다.

날 이해해줄 사람이 한 명만 있어도

연민하는 목격자는 나의 어려운 사정을 듣고 공감해줄 수 있는 사람이다. 하지만 공감이란 쉽지 않은 일이다. 많은 사람이 그 방법을 배우지 못했고, 이렇게 말하면 안 믿을지도 모르겠지만 우리가 공감 능력을 타고나는 것도 아니기 때문이다.

먼저 무엇이 공감이 아닌지부터 생각해보자. 친구에게 어려운 사정을 얘기했는데도 기분이 풀리지 않았던 경험이 있을 것이다. 예를 들어 친구에게 결혼생활이 힘들다고 했는데 이런 반응이 돌아왔다고 해보자.

* 내가 한 수 위야: "어머, 그 정도는 힘든 축에도 못 들어! 난 남편이 비서랑 바람이 난 것 같아."
* 쓸데없는 소리 하지 마: "괜한 생각이야. 내가 2주 전에 너희 부부 보니까 좋아 보이던데 뭐."
* 배부른 소리 하지 마: "얘, 그래도 넌 최소한 결혼은 했잖아. 난 이 징글징글한 솔로 생활도 벌써 10년째야!"
* 내가 해결해줄게: "상담받아봤어? 전에 추천해준 부부관계 책은 읽어봤고? 한 번씩 둘이서 오붓하게 연애 때 기분도 내고 그래야 하는데, 그러고 있어?"
* 너 어쩌니, 흑흑: "뭐어!?! 난 너희가 완벽한 부부라고 생각했는데! 꼭 다시 관계를 회복해야 해!" (울음을 터트린다.)

＊내 얘기 좀 들어줘: "어휴, 말도 마. 나도 남편이랑 지난 주말에 대판 싸웠잖아. 그 인간이 글쎄 옆집 바비큐파티에서 술을 잔뜩 마셔서……"

이런 반응들은 우리에게 진짜로 필요한 게 아니다. 어쩌면 이 대목을 읽으면서 가슴이 철렁했을지도 모르겠다. '나도 똑같이 반응했는데, 아, 창피해!'라면서 말이다. 그래도 괜찮다. 누군들 그런 적이 없을까. 그렇게 했던 자신에게 연민을 좀 베풀고 이제 진정한 공감이 무엇인지 알아보자.

이번에도 똑같이 결혼생활이 힘들다고 얘기했는데 친구가 "어머, 너 정말 심란하겠다. 혹시 괜찮다면 좀 더 얘기해줄래?"라고 반응했다고 해보자. 그러면 마음이 한결 편해져서 더 자세한 얘기를 꺼내게 된다. 자초지종을 다 들은 친구가 말한다. "어휴, 무슨 말을 해야 할지 모르겠다. 그래도 얘기해줘서 고마워."

바로 이런 게 공감이다.

공감은 타인의 감정을 함께 느끼는 것이다. 내 마음속을 들여다보며 상대방이 느끼고 있는 것과 같은 감정을 찾는 것이다. 그렇다고 그 고통의 쓰레기통에 완전히 빠져서 오히려 상대방이 나를 위로해줘야겠다고 생각할 정도가 돼선 안 된다. 다시 말해 '너 어쩌니, 흑흑' 모드가 돼선 안 된다.

꼭 상대방이 말하는 것을 직접 겪어봤어야만 공감할 수 있는 것은 아니다. 똑같은 일을 겪지 않았어도 고통, 상처, 배신감, 슬픔, 설움 등 온갖 묵직한 감정을 겪어본 적이 있다면 얼마든지 공감이 가능하다. 공감이 어떤 것인지 알고 그것을 표현하고자 하는 마음만 있으면 된다.

2008년에 라이프코치 양성 과정을 들을 때 수강생들이 3인 1조로 번갈아 가며 코칭을 실습하는 시간이 있었다. 다른 여자 조원 두 명이 각각 코치와 고객이 되고 내가 그들을 관찰할 차례가 됐다. 고객이 된 조원이 얼마 전에 남편이 암 진단을 받았다며 울음을 터트렸다. 코치가 된 조원은 "어머, 어머. 정말 힘들겠어요. 왜 하필 그런 일이……. 지금 속이 말이 아닐 거예요"라고 말하며 그녀의 손을 꼭 잡고 그 울음을 다 받아줬다.

나는 그 모습을 보고 심히 충격을 받았다. 그리고 단번에 두 가지를 깨달았다. 하나는 그 두 사람의 교감이 아름답다는 것이었고, 다른 하나는 나라면 똑같이 못 했으리란 것이었다. 나였으면 곧장 '내가 해결해줄게' 모드가 되어 그녀가 대응책을 세울 수 있도록 도와주려 했을 것 같다. 하지만 그녀에게 진짜로 필요한 것은 그런 게 아니었다. 그녀에게는 연민하는 목격자가 필요했다. 만약에 내가 그녀의 문제를 해결해주려고 들었다면 그 이유는 그녀의 고통에 찬 감정을 감당할 수가 없었기 때문이었을 것이다.

타인에게 공감하고 연민하는 목격자가 되기 위해서는 그런 걸

끄러운 감정을 편하게 받아들일 수 있어야 한다.

이렇게 말하면 '어휴, 그런 건 무슨 동화에 나오는 친구나 할 수 있는 거지, 현실에 그런 사람이 어디 있어?'라고 생각할지도 모르겠다. 그럴 만도 하다. 왜냐하면 성장을 염원하는 사람이나 호스피스 간호사가 아닌 이상 대부분은 공감에 능하지 않기 때문이다. 그러면 어떻게 해야 할까?

연민하는 목격자가 되어준다 싶은 사람을 상대로 공감을 연습하자. 그리고 당신에게 필요한 것을 요구하자. 우리가 먼저 본을 보이는 것은 우리도 그런 대우를 받고 싶다는 신호를 보내는 것이다.

그렇다고 무슨 고객센터 직원처럼 내 모든 불만을 말할 수 있는 친구를 둬야 한다거나, 내가 짜증 나거나 일이 잘 안 풀릴 때마다 언제든 전화를 걸 수 있는 친구를 둬야 한다는 말은 아니다. 가끔 불평을 늘어놓는 것은 괜찮지만 지금 여기서 말하는 건 단순히 남에게 불평을 늘어놓는 게 아니다. 자신을 고립시키고 사람들을 피하는 습관에서 벗어나겠다고 내 문제를 마법처럼 해결해줄 사람을 찾아서 의지하려 하면 안 된다. 세상에 그런 사람은 존재하지 않는다. 말 한 마디로, 혹은 한 번의 대화로 우리의 문제를 해결해줄 수 있는 사람은 거의 없다.

중요한 것은 다른 사람에게 내 경험을 말함으로써, 내 감정의 매듭을 푸는 것이다.

때론 불편함을 감수하고
솔직해져야 한다

〰〰〰

　브레네 브라운(Brené Brown)은 어떤 사연을 털어놓을 때 지금이 그 얘기를 하기에 알맞은 때인지, 과연 상대방에게 할 만한 얘기인지, 상대방이 얘기를 들어줄 자격이 있는 사람인지 생각해보라고 했다. 모든 사람이 우리의 사연을 들을 자격이 있는 것은 아니다. 우리는 아직 친하지도 않은 사람에게 우정을 강요하며 너무 많은 얘기를 털어놓거나, 항상 나를 위해줄 수는 없는 사람에게 하소연을 하면서 내가 원하는 대로 반응해주기를 기대할 때가 많다. 물론 그런 기대는 여지없이 무너진다.

　반대로 연민하는 목격자가 한두 명쯤은 존재하는데도 계속 자기를 고립시키거나 선을 긋는 바람에 그 우정이 제힘을 발휘하지 못하는 경우도 많다. 또는 자기 딴에는 좋은 뜻으로 번번이 '내가 해결해줄게' 모드가 되는 사람이 있는데 차마 그 사람에게 내가 원하는 건 그게 아니라는 말을 못하고 있을 수도 있다. 그래서 신뢰가 중요하다.

알다시피 신뢰란 조금씩 쌓아가는 것이다. 애정 표현을 퍼붓는다고 당장 공고한 신뢰가 생기진 않는다. 작은 행위가 하나둘 모여서 천천히 신뢰가 형성된다. 내가 하는 온라인 수업에서 한 수강생이 해준 얘기가 있다. 그녀는 친구와 저녁을 먹다가 어렵게 고민을 털어놨다. 그러자 친구는 먹던 음식을 내려놓고 그녀의 말을 귀담아들었다. 그것이 바로 신뢰를 형성하는 작은 행위다. 그런 행위에서 우리는 "나 여기 있어. 넌 내게 소중한 사람이니까 귀 기울여 들을게"라는 메시지를 듣는다.

하지만 모든 상황이 다 그렇게 잘 풀리진 않는다. 우리는 다들 누군가에게 배신을 당하고 뒤통수를 맞은 경험이 있다. 어떤 얘기를 했는데 친구가 그것을 동네방네 떠들고 다녔을 수도 있고, 아예 연락을 끊어버리거나 심하면 그것으로 나와 다른 사람들 사이를 이간질하는 만행을 저질렀을 수도 있다. 그런 일을 여러 번 겪으면서 '난 이제 친구란 거 절대 안 믿어. 그래봤자 나만 손해야'라고 생각하게 된 사람도 있을 것이다. 그 심정 충분히 이해한다. 사람을 믿지 못하는 건 나 역시 극복하기 위해 노력해야 했던 문제니까.

자신을 고립시키고 숨어버리는 습관에서 벗어나고 싶다면 친밀한 친구를 한두 명쯤 만들어야 한다. 그리고 그런 우정을 잘 지키려면 그들과 천천히 신뢰를 형성해야 한다.

이렇게 말하면 "저기요, 나는 친구들한테 그렇게 작은 신뢰의 행동을 보이는데 친구들은 아무도 나한테 안 그래요"라고 반박하는 사람도 종종 있다. 그런 말이 마냥 엄살은 아닐 것이다. 하지만 친구들은 보통 우리가 말을 해주기 전에는 자기가 아주 좋은 친구인 줄 안다.

무엇을 원하는지 말해주지 않는다면 사람들이 어떻게 그것을 알고 우리에게 줄 수 있으며, 어떻게 관계가 성장하도록 힘을 보탤 수 있겠는가?

원하는 것이 있다면 떳떳하게

필요한 게 있으면 솔직히 말하는 게 제일 좋다. 상대방이 독심술이라도 익혔다면 모를까, 우리가 말하지도 않는 걸 알 턱이 없다. 아무리 가까운 사이라 해도 마찬가지다.

자, 우리 앞에는 두 갈래 길이 있다.

하나는 상대방으로 하여금 우리가 정말로 원하는 게 뭔지를 몰라서 문제를 해결해주려고만 들거나 엄살 좀 그만 피우라고 말하는 등 전혀 엉뚱한 반응만 보이도록 만드는 것이고, 다른 하나는 그냥 계속 답답해하는 것이다.

아니, 또 다른 길도 있다. 이런 식으로 대화를 시작해보는 것이다. "저기, 지금부터 오늘 내가 힘들었던 일에 대해서 얘기할 건데, 나한테 굳이 조언을 해줄 필요는 없어. 그냥 잘 들어주기만 하면 돼. 다 듣고 껴안아 주면 더 좋고. 어때, 괜찮겠어?"

이렇게 말해도 좋다. "내가 이런저런 얘기를 할 때마다 도와주려고 하는 건 고마워. 날 아껴서 그러는 거 다 알아. 근데 그냥 내 얘기를 잘 들어주기만 하면 훨씬 더 좋을 것 같아."

그러면 "그게 바로 내가 너한테 원하는 거야"라는 메시지가 전달된다. 여기에 더해서 연민하는 목격자에게 바라는 것을 그에게 똑같이 행함으로써 그게 뭔지 보여줄 수 있다면 금상첨화! 우리를 정말로 아끼는 사람이라면 우리가 원하는 게 정확히 무엇인지 알고 정말로 기뻐할 것이다.

내 고객인 리사에게는 오랫동안 알고 지냈지만 최근 들어 소원해진 케리라는 친구가 있었다. 서로 상처를 주는 말이 몇 번 오간 후 리사는 이제 케리와 대화를 해봤자 몇 달에 한 번 하는 수준이고, 그마저도 수박 겉핥기식 얘기만 하다가 급하게 마무리된다고 했다. 리사는 우정을 회복하고 싶은 마음이 간절했지만, 그러자면 자신의 잘못에 대한 보상을 해야 하고(불편한 일 ①), 자신이 상처받았다는 걸 표현해야 하며(불편한 일 ②), 케리에게 관계가 더 돈독해지기를 간절히 바란다고 말해야 했다(불편한 일 ③).

이 문제에 대해 충분히 생각해본 후 리사는 인정할 건 인정하고 사과할 건 사과하기로 결심하고 케리에게 솔직하고 다정하면서도 명쾌하게 자신이 어떻게 관계를 개선하기를 원하는지 말하기로 했다. 물론 그런 생각을 하자 긴장이 됐다. 그 대화에 어떻게 임할지는 그녀가 정한다고 해도 케리가 어떻게 나올지는 케리 마음이었기 때문이다.

다행히 두 사람의 대화는 원만하게 풀렸다. 케리가 리사의 사과를 받아들이고 자기도 인정할 건 인정한 후 둘은 전보다 훨씬 더 끈끈한 관계가 됐다.

그리고 이 장의 도입부에서 소개한 웬디의 경우는 자신의 습관이 얼마나 나쁜지는 상담사만이 안다고 했다. 나머지 얘기를 들어보자.

친구들에게 어떤 문제를 말하면 보통 이런 일이 벌어진다. 먼저 친구들이 내 행동을 판단하고 차라리 이러저러하는 게 나았다고 말하면서 내가 왜 사태를 제대로 수습하지 못하고 있는지 설교를 하고 타이른다. 그러면 나는 이해나 위로를 받기는커녕 낙오자가 된 것 같은 기분이 들어서 기분이 더 나빠지고 결국에는 수치심까지 생긴다. 나는 보통 한두 사람에게 고민을 털어놓고 위와 같은 일을 겪고 나면 또다시 나 자신을 고립시키기 시작한다.

혹시 친구들에게 원하는 게 무엇인지 말해준 적이 있냐고 묻자 웬디는 이런 대답을 했다.

생전 그래본 적이 없다가 최근에 한 친구에게 그런 말을 꺼내봤다. 내가 어떤 식으로 나 자신을 고립시키는지, 왜 그러는지 말하고 내가 원하는 건 내 말을 들으며 공감해주는 거라고 말했다. 친구는 원하는 걸 직접 말하는 게 내게 필요한 일이고 그런 말을 하는 것이 절대로 이상하지 않다고 말해줬다. 원하는 걸 직접 말하는 건 내게 낯선 일이다. 사실 그렇게 해도 된다는 생각 자체를 못하고 있었다. 다 자기만의 스타일이 있는 것인데 내가 뭐라고 나를 위해 그걸 바꿔달라고 요구할 수 있겠냐고 생각했다. 지금은 나를 먼저 생각하고 필요한 걸 말하기 위해 노력 중이다.

웬디는 몇 가지 지레짐작하고 있는 것이 있었다. 일단 솔직하게 고충을 말하면 친구들이 안 좋게 볼 거라고 생각했다. 실제로 고충을 말하고 친구들이 나름의 반응을 보였을 때는 그들에게 자기만의 스타일이 있는 것이니까 변화를 요구할 수 없다고 생각했다.

앞에서도 말했지만 이런 대화가 항상 원만히 풀리진 않는다. 내가 원하는 걸 말하면 친구 입장에서는 자신의 잘못을 지적하는 것으로 오해하고 상처를 받을 수도 있다. 그래서 같은 말이라도 어떻게 하느냐가 중요한데 솔직하면서도 다정하고 명쾌하게 요청하는 게 좋다. 우리에게는 필요한 것을 떳떳이 요구할 자격이 있다는 걸 명심하자!

내 인생의 에이스, 바로 나 자신

혹시 자신을 고립시키고 숨어버리는 게 좋은 습관이라고 생각하고 있다면 지금 내면의 비판자가 그야말로 물을 만난 것이다. 내면의 비판자는 아무한테도 문제를 말하지 않는 게 상책이라는 둥 남들은 관심도 없다는 둥 온갖 말 같잖은 소리를 마이크에 대고 떠들어대고 있을 것이다.

그러니 자매여, 이제 자신에게 친절을 베풀 때다. 이미 1장에서 설명했지만 다시 한 번 말하고 싶다. 지금 당신 인생에 연민하는 목격자가 없다면 더욱더 자신을 친절히 대해야 한다. 혹시 친구들이 있는데도 외로움을 느낀다면 내면의 비판자를 꼭 점검해보기 바란다.

인생에서 최악의 시기를 보낼 때 내 곁을 지켜주던 소중한 친구가 있었다. 그런데 어느 날부턴가 그 친구가 전화를 안 받았다. 어찌어찌 연락이 닿아서 무슨 일이 있냐고 물었더니 대뜸 나에게서 좀 벗어나고 싶다고 말했다. 나는 뻥 차인 기분이었다. 그녀는 절교하자는 뜻은 아니지만 당분간은 좀 해방되고 싶다고 했다.

그 말을 듣고 정말로 참담한 심정이었다.

2년쯤 후, 나는 어떤 의무감 같은 것을 느끼며 내가 좋은 친구가 돼주지 못했던 것에 대해 사과했다. 친구는 내 메일을 받았다고만 했을 뿐 아무 응답이 없었다. 지금도 나는 내가 잘못한 게 뭔지 정확히 모르겠다.

물론 나는 얼토당토않은 얘기를 지어내기 시작했다. 내가 참 몹쓸 친구라고 자책하고, 그 친구에게 마지막으로 보낸 메일을 생각하며 괴로워했다. 도대체 뭐라고 말한 게 잘못이었을까? 왜 이제는 걔가 날 좋아하지 않는 걸까? 나는 왜 이렇게 지지리 못났을까? 솔직히 지금도 가슴이 아프다. 앞으로도 오랫동안 아플 것 같다. 하지만 친구 간에 꼭 그런 일만 일어난다고 믿고 싶진 않다. 그 일이 있고 난 후 가까운 친구들에게 고민을 말하려다 가도 지레 겁을 먹을 때가 많았지만, 중요한 건 이제 내가 그런 마음이 생기는 '때'를 자각하고, '왜' 그런 마음이 생기는지를 인지하고, 다른 선택을 한다는 것이다. 그게 쉬운 일일까? 전혀 아니다. 말이 나온 김에 그때 내가 했고 어쩌면 지금 당신이 하고 있을지 모를 문제성 행동을 하나 지적하고 싶다.

그 친구가 내 메일을 받고 그렇게 두 번째로 우리의 우정에서 등을 돌렸을 때 나는 내가 몹쓸 친구라고 생각했고, 그 모진 시련을 겪는 동안 그녀에게 절대로 하소연을 하지 말았어야 했다고 생각했다. 내가 겪었던 일과 나라는 존재가 우리의 우정으로는 지탱하기 어려울 만큼 버거운 것이었다고 생각했다. 버거운 인생으로 버거운 짐을 안기는 나는 결론적으로 몹쓸 인간이었다.

그게 나에 대한 진실이라고 믿었다.

다행히 나는 그런 내 상태를 자각했고 내가 왜 그러는지 호기심을 갖고 극복하려 노력했다. 덕분에 내가 몹쓸 인간도, 몹쓸 친구도 아니라는 걸 알게 됐다. 부단한 노력 끝에 이젠 절친에게 솔직히 고충을 털어놓을 수 있는 경지에 이르렀다.

신뢰는 오랜 기간을 두고 숙성되는 것이지, 억지로 혹은 졸속으로 만들 수 있는 게 아니다.

혹시라도 당신이 다른 사람에게 속사정을 얘기했다가 상황이 기대한 만큼 풀리지 않아서 이 책을 내던지고는 앞으로는 모든 고민을 마음속에 꼭꼭 숨겨두고 누구에게도 내보이지 말아야겠다고 굳게 다짐하는 일은 부디 없었으면 좋겠다.

설령 그런 생각이 들더라도 마음을 추스른 후에 또다시 시도해 봤으면 좋겠다. 솔직히 말하자면 처음에는 생각한 대로 잘되지 않을 확률이 높다. 세상에 처음부터 잘되는 일이 얼마나 있겠는가? 우리의 성장도 예외가 아니다. 다만 내가 장담할 수 있는 건 성장을 열망하며 도전하고 또 도전하면 어느 순간 가속도가 붙는다는 것이다. 끈기와 인내심은 언제나 우리의 아군이다. 그리고 당신은 그토록 원하는 결속감과 사랑을 누리기 위해 온갖 노력을 기울이는 게 전혀 아깝지 않을 만큼 귀한 사람이다.

어려워도 답해야 할 질문

- 혹시 힘든 일이 생기면 자신을 고립시키고 숨어버리고 싶은 마음이 드는가? 그 이유는 무엇인가?
- 주위에 '연민하는 목격자'가 존재하는가? 혹은 그런 사람이 되어줄 만한 사람은 있는가? 그 사람은 누구이고 어떤 면에서 연민하는 목격자의 자질이 보이는가?
- 혹시 기존의 친구관계에서 잘못된 부분을 바로잡고 그중 한두 명의 친구와 더 좋은 관계를 맺기 위해 노력해야 할 필요성을 느끼진 않는가?
- 공감 능력을 기르기 위해 더욱 애쓸 각오가 돼 있는가? 구체적으로 어떤 방법을 쓸 생각인가?
- 지금 친구관계에서 문제를 겪고 있다면 내면의 비판자를 어떻게 다스릴 수 있겠는가?

3장

고통을 피하는 법
따윈 없어

감정을 마취하는 습관 끊기

행복만을 원하는 사람은
결코 얻을 수 없는 것

〰〰〰

행복을 원한다는 사람을 참 많이 만난다. 거기에 마음의 평화와 자유까지 더해지면 가히 황홀한 인생의 삼위일체라 할 수 있겠다.

물론 행복은 끝내주게 좋은 것이다. 세상에 누가 행복을 바라지 않을까? 누가 기쁨, 안락, 사랑을 마다할까? 행복이란 내가 좋아하는 음식, 음악, 친구들이 한데 어우러져 나를 위한 축하 파티가 열리는 것과 같다.

하지만 두려움, 불안, 슬픔, 실망, 스트레스처럼 껄끄러운 감정은 어떤가? 모두 즐거운 파티와는 거리가 멀다. 그렇다면 우리는 이런 감정을 어떻게 처리하고 있을까? 죄다 보따리에 싸서 옆으로 밀쳐놓고 온갖 수단을 동원해 그 존재 자체를 지워버리려고 한다. 실제로 수많은 사람이 이런 습관 속에서 허우적대고 있다.

그러나 나는 행복은 물론이고 마음의 평화조차도 우리가 무거운 감정과 경험의 숨통을 꽉 막아버린다면 덩달아 질식해버릴 수 있다는 점을 확실히 깨달았다. 우리는 이런 기분을 억누르고 피하려 하지만 사실 그런 걸 받아들이는 것이야말로 치유와 기쁨으로 가는 길이다.

우리는 감정을 느끼기 싫어서 마음을 마취시킨다. 껄끄러운 감정이 닥쳐올 때 설렌다거나 "와, 기대된다!"라고 환호성을 지르는 사람은 없다. 우리는 되도록 그런 감정을 피해 갈 수 있기를 바라고, 어쩔 수 없이 맞닥뜨리더라도 느끼지 않고 '생각'과 '행동'만으로 사태를 수습할 수 있기를 바란다. "차라리 어떤 행동이 필요한지 말해줘. 그러면 잘 생각해서 실행할게. 하지만 감정은 사절이야!"라는 식이다. 그 이유는 그런 감정이 우리를 아프게하기 때문이다.

우리는 뜨거운 난로에는 손을 대는 게 아니라는 것을 잘 안다. 무엇이 아픈지 알면 멀리하는 게 인지상정이다. 그래서 마음을 아프게 하는 감정을 마주했을 때 두 눈을 똑똑히 뜨고 두 팔을 활짝 벌린 채 그 어둠 속으로 성큼성큼 걸어 들어가는 사람은 드물다. 거의 대부분은 우주선에 몸을 꽁꽁 묶고 곧장 다른 행성으로 날아가 버린다.

마취는 30대 후반에 접어들 때까지 내가 제일 애용하는 습관이었다. 살다가 어떤 문제와 고통이 생기면 나는 꽁무니가 빠지게 줄행랑을 쳤다.

섭식장애, 공의존(누군가를 도와주면서 그 사람에게 자신이 필요하다는 데서 존재의 의미를 찾는 증상-옮긴이), 애정중독, 알코올중독에서 회복되는 기나긴 나날 동안 나는 마음을 마취한다는 게 무엇인지, 적어도 그 몹쓸 것이 내 삶에서 어떤 양상으로 나타나는지 만큼은 똑똑히 알게 됐다. 20대 때 내가 자꾸만 감정을 묵살한 것은 할 줄 아는 게 그것밖에 없었기 때문이다. 공포, 분노, 후회, 원망, 불안, 슬픔, 수치는 나를 너무나 혼란스럽고 두렵게 만들었다.

혹시 방금 나열한 감정들을 보고 '맞아, 나도 딱 질색이야. 그런 게 다 사라질 때까지 그냥 케이크나 먹고 와인이나 마시면서 핸드폰이나 만지작거리는 게 최고야!'라고 생각했을지도 모르겠다. 나는 아주 오랫동안 그런 마음가짐으로 살면서 도대체 내 인생이 왜 원하는 대로 풀리지 않는지 몰랐다. 나는 진정으로 친밀한 관계를 맺고 싶었고(마음속 깊은 곳에는 또 그런 관계에 대한 무시무시한 두려움이 도사리고 있었지만) 모든 일이 잘 풀리기를, 행복해지기를 바랐다. 하지만 실제로 내 인생은 그런 식으로 돌아가고 있지 않았다. 그래서 나는 다른 습관을 통해 인생을 내가 원하는 방향으로 이끌고자 애썼고, 상황이 뜻대로 돌아가지 않으면 분노가 더 커졌다.

어쩌면 지금 당신의 마음가짐은 당시의 나만큼 심각한 수준은 아닐 수도 있다. 내 상담 고객 중 한 명은 마음을 마취하는 습관 때문에 고생하면서 "한마디로 그냥 도피하고 싶어요. 지금의 삶에서 벗어나서 엄마라는 압박감에서 해방됐으면 좋겠어요"라고 말했다. 나는 그런 것을 '초단기 휴가'라고 불렀고 나도 종종 그런 휴가를 썼다. 30대에 접어들었을 무렵에는 조금이라도 압박감, 스트레스, 불안감이 느껴지면 와인 한 사발을 들이켜고 멍하니 있고 싶은 마음이 간절했다. 인생의 무게를 느끼지 않고 홀가분하게 쉬고 싶었다. 그게 나의 감정 차단법이었다. 그러다 보니 얼마 안 있어 날마다 술을 퍼마시는 사람이 돼 있었다. 술로 마음을 달래는 나날이 마치 매립장의 쓰레기 더미처럼 쌓여갔다.

마음을 마취시키는 이유가 자신의 인생을 증오하기 때문이든 그 인생을 견뎌내기 위해서든, 그런 습관에서 벗어나려면 자기가 안고 있는 모든 문제를 똑바로 보고 자기 앞에 닥친 역경을 온 마음으로 느끼면서 꿋꿋이 앞으로 걸어나가야 한다. 이렇게 말하는 내 얼굴을 한 대 후려치고 싶을지도 모르겠지만 사실이 그렇다. 그 모든 감정을 있는 그대로 느낄 수 있게 되면 회복탄력성과 행복감이 커지고 인생을 더 잘살 수 있게 된다.

그러다 보면 마침내 마음을 마취시키는 습관이 기분을 개떡같이 만든다는 사실을 깨닫는 시점이 온다. 어쩌면 이미 그런 경지에 이르러서 감정을 외면하는 게 감정을 직시하는 것보다 더 고통스러울 수도 있겠다.

자기 안에 묻혀 있는 인간성을 적나라하게 볼 수 있을 때 우리는 비로소 자유로워지고 행복해진다.

인생의 파편을 다시 맞추는 일

페마 초드론(Pema Chodron)이 쓴《모든 것이 산산이 무너질 때 When Things Fall Apart》에 내가 참 좋아하는 구절이 나온다. "나라는 존재를 소멸의 위험성 앞에 부단히 노출할 때 비로소 내 안에서 결코 파괴되지 않는 것을 발견할 수 있다."

본디 지혜란 고통이 치유되며 나오는 것이다. 지혜로운 사람들은 항상 어마어마한 통찰력을 발휘해 완벽한 조언을 해준다(그렇다고 우리가 그 조언을 다 받아들이는 건 아니지만서도). 그들이 그런 경지에 이른 것은 무탈한 인생을 살았기 때문이 아니다. 그들이 그런 지혜를 발휘할 수 있는 이유는 인생이 산산이 조각났을 때 회피하지 않고 결연하게 맞서서 더 나은 사람, 더 강인한 사람으로 거듭났기 때문이다. 그들이 그렇게 휘황한 빛을 발휘할 수 있는 이유는 어둠을 헤쳐나왔기 때문이다.

나는 '지성기'라는 말을 좋아한다. '지랄 같은 성장의 기회'를 줄인 말이다. 지성기는 심심찮게 우리 앞에 나타나니까 그럴 때마다 반갑게 맞았으면 좋겠다. 항상 온화한 기후 속에서 유니콘이 무지개 방귀를 뀌는 나날만 반복된다면 우리는 절대 더 나은 사람이 될 수 없다. 우리가 더 나은 사람으로 발전하는 것은 산산이 조각 난 인생의 파편을 다시 꿰맞출 때다.

마음의 고통은 육체의 고통처럼 우리에게 뭔가가 잘못됐다는 경고를 하는 역할도 한다. 우리에게 무엇이 중요한지 알려주고 그쪽으로 우리의 관심을 집중시킴으로써 삶에서 어떤 것을 바꿔야 할지 말아야 할지 깨닫게 해준다.

그런 감정을 의인화해서 사람이라고 생각해보면 어떨까?

이를테면 퀵서비스 기사(이왕 상상하는 김에 라이언 고슬링이라고 해볼까?)가 긴히 전할 메시지가 있다며 귓가에 "이봐요, 아가씨, 방금 그 사람이 당신을 함부로 대했잖아요. 그건 그냥 봐줄 일이 아니에요. 경계선을 긋는 게 좋겠어요. 당당히 할 말을 해요. 난 당신이 상처받고 슬퍼하고 있다는 걸 알아요"라고 속삭이고 있다고 상상해보는 것이다.

설마 라이언 고슬링을 그냥 밀쳐내거나 썩 꺼지라고 할 텐가? 아마 집 안으로 초대해 커피 한 잔 대접하면서 그가 가져온 메시지를 들으려고 할 것이다. "방금 부당한 대우를 받은 것 인정하시죠?" "그럼요, 라이언 씨, 더 자세히 말씀해주세요." "경계선을 그을 건가요?" "음, 그게 재미있을 것 같진 않지만, 그래요, 필요한 것 같긴 하네요." "당당히 할 말을 할 거죠?" "쉬운 일은 아니지만 할 수 있을 것 같아요."

물론 어떤 감정을 느끼는 것이 항상 이렇게 술술 풀린다는 보장은 없다. 하지만 가끔은 수월하게 풀릴 때가 있고, 계속 훈련하다 보면 감정을 있는 그대로 느끼는 것에 대한 두려움은 줄어든다.

마음을 마취시킨다고
위로를 얻을 수 있을까

음식, 술, 약물, 쇼핑, 도박, 일, 운동 등 흔히 쓰이는 마취법은 이미 잘 알 것이다. 그리고 그만큼 친숙하지만 자주 언급되지 않는 마취법으로는 인터넷, 사랑(보통은 불건전한 사랑)과 섹스, 카페인, 분주함, 계획 세우기, 행복한 척하기 등이 있다. 자기계발 역시 마취법으로 쓰이기도 한다. 이 중에서 한 가지만 주로 쓰는 사람도 있고 모든 마취법을 조금씩 골고루 쓰는 사람도 있다. 중요한 것은 자신이 쓰는 마취법이 무엇인지 파악하는 것이다.

마취일까 위로일까

우리가 자주 쓰는 마취법은 원래 스스로를 위로하기 위해 쓰던 것일 때가 많다. 자기를 위로하려고 쓰다가 그만 자제력을 잃으면서 감정을 차단해버리는 지경이 되고 만 것이다.

혹시 마음이 답답할 때마다 설거지를 하면서 마음을 달래는가? 그게 심해지면 3시간 동안 집 안 구석구석을 살균한다고 저녁 파티 약속까지 취소하게 된다. 혹시 일진이 사나운 하루를 보내고 집에 오면 잠깐이나마 그 기억을 떨쳐내려고 페이스북에 접속하진 않는가? 그게 한 달쯤 반복되면 현실에서 실제로 사람들과 대화하는 시간보다 페이스북을 스크롤 하는 시간이 더 많아진다.

분노와 공포 같은 불쾌한 감정 앞에서 내가 위로를 하고 있는지 마취를 하고 있는지 어떻게 구별할 수 있을까? 먼저 지금 마취가 일어나고 있다는 사실을 자각해야 한다. 많은 사람이 아무 생각 없이 텔레비전을 보다가 1시간쯤 지나서야 감자칩 한 봉지를 다 먹은 것을 깨닫는다. 혹은 하루 저녁에 와인을 네 잔이나 마시는 게 과하다는 걸 애써 부정한다.

무엇이 진정으로 나 자신을 돌보는 것인가? 컵케이크를 먹는 것? 위스키를 마시는 것? 굳이 뭐가 자신을 돌보는 거고 뭐가 아닌지 말해주지 않아도 스스로 잘 알 것이다.

마취는 한 번 맛을 들이면 걷잡을 수 없이 빠지게 돼 있다. 그렇다면 마취 여부를 결정하는 기준은 무엇일까? 마취성 행동을 얼마나 오래 하느냐가 그 기준이 될까? 여기서 마취의 기준을 쉽게 파악할 수 있도록 간단한 표를 그려줄 수 있으면 좋으련만 나로서는 당신의 마취법이 무엇인지 알 수가 없으니 불가능한 일이다. 그걸 아는 사람은 당신뿐이다. 자신이 마취를 하고 있다면 그렇다는 자각이 생길 것이다. 거기에 답이 있다.

그리고 뻔히 알면서도 계속 마취를 할 때도 있을 것이다. 기왕에 그렇게 됐으면 어디 실컷 해보자. 이 기회에 그게 도움이 되는지, 아니면 기분만 더 나빠지게 만드는지 한번 확인해보자. 이를 의도적인 마취라도 불러도 좋고, 의식적인 도피 행위라고 불러도 좋다. 아무튼 과연 그게 건전하게 자신을 돌보는 행위인지, 아니면 상습적인 중독 행위인지 직접 확인해보자.

나는 당신이 이 책을 읽고서 자신에게 이런 행위를 유발하는 도화선이 무엇인지 깨닫기를, 마취를 할 때 그것을 자각할 수 있기를, 그리고 마취가 아닌 다른 행동을 선택하게 되기를 희망한다. 그리고 그 길에서 자신에게 연민을 베풀기를 바란다.

감정을 마취시키는 진짜 이유

마취 습관에서 벗어나기로 마음먹었다면 스스로에게 긴히 물어봐야 할 것이 있다. 일기장이나 이 책의 여백에 다음 질문에 대한 답을 적어보자.

나는 ＿＿＿＿＿으로 어떤 문제를 해결할 수 있다고 생각하는가?
(빈 칸에는 자신이 주로 사용하는 마취법을 쓴다.)

바꿔 말하자면 마취를 통해 인생에서 무엇을 밀쳐내려 하고 있는가? 대뜸 '스트레스' 같은 대답이 나올 수도 있겠지만 그 밖에 또 무엇이 있을까? 만일 그 스트레스에 굴복해 무너져버린다면 어떤 일이 벌어질 것 같은가? 그 밑바닥에 숨어 있는 것의 실체는 무엇인가? 짐작을 해보자면 그것은 실패, 공포, 불안감, 비판을 피하고 싶은 마음일 수 있다. 이런저런 감정과 마주할 생각만 해도 무서우니까 모른 척 옆으로 치워버리는 것이다.

많은 여자가 완벽해져야 한다는 압박감을 너무 심하게 느껴서 마음을 마취시키고, 또 완전히 이성을 잃어버릴까 봐 겁이 나서 마음을 마취시킨다. 이유야 어쨌든 자신이 왜 그러는지를 알고 그 이유를 더 깊이 파고드는 게 중요하다. 구체적인 이유는 모르고 그냥 '겁이 나서'라고 답하게 되더라도 그 자체로 발전한 것이다.

자신의 결함을 감당하려니까 마음이 불편하고 불안감이 생기고 겁이 나고, 그래서 그냥 마음을 마취시켜버린다. 하지만 우리에게 있는 것은 바로 그 결함 있는 인간성뿐이고 바로 거기서 해법을 찾을 수 있다.

여자들이 감정을 마취시키는 이유로 또 하나 빼놓을 수 없는 것이 바로 고정관념이다(남자들이라고 고정관념에 시달리지 않는 것은 아니지만 그 양상이 조금 다르게 나타난다). 미국 문화에서는 감정을 드러내는 게 약점으로 취급된다. 우리 여자들은 눈물을 흘리면 히스테리를 부린다는 소리를 듣고, 평소에도 너무 감정적이고 지나치게 예민하다는 소리를 듣는다. 우리는 머리를 장식으로 달아놓은 정신 나간 사람들로 취급된다.

남성 위주의 직장에서 유일한 여자로 살아남기 위해, 우리의 감정에 콧방귀를 뀌는 사람들과 원만한 관계를 유지하기 위해, 강인한 척하기 위해 감정을 마구 밀어낸다.

이제 자신이 마취를 하는 이유를 알았다면 어떻게 해야 할까? 일단 소매를 걷어붙이자. 지금부터 지난 수십 년간 가슴속에 꼭꼭 묻어뒀던 감정을 끄집어내는 법을 배울 테니까 말이다. 그렇게 가슴속에 응어리져 있는 것은 당신이 사랑스럽지 않다고 여기는 온갖 감정일 테지만, 그것은 분명히 당신의 일부분이고, 바로 그렇기 때문에 아름답다. 자, 그럼 어디 본격적으로 시작해보자!

내 감정과 친해지는
여덟 가지 방법

~~~~

내가 여기서 "당장 마취를 중단하세요!"라고 말한다고 문제가 싹 해결될 리는 없을 것이다. 그런 말을 해봤자 당신을 한겨울에 발가벗겨서 거리로 내쫓는 것밖에 안 된다. 감정을 있는 그대로 느끼는 일은 학습을 통해 가능하다. 일단 지난 수년, 혹은 수십 년간 학습된 잘못된 태도부터 지워버려야 한다. 그러니 티슈, 일기장, 샌드백을 준비하자. 혹시 엄마 배속에 있었을 때처럼 잔뜩 웅크리고서 쪽쪽 빨아야 할 공갈 젖꼭지가 필요하다면 그것도 준비하자. 물론 농담이다. 반쯤은 진담이기도 하지만.

내가 준비한 첫 번째 방법은 어떤 감정이 일어났을 때 그 이름을 크게 말하는 것이다. 내가 일명 '사크'라 불리는 친구에게서 배운 기법이기도 하다. 사크는 어렵게 생각할 것 없이 '슬픔', '기쁨',

'원망' 같은 단어를 선택해 소리 내어 말하라고 했다. 유치하다고 생각할지도 모르겠지만 실제로 많은 사람이 나한테 하는 말이, 도대체 어디서부터 뭘 어떻게 시작해야 할지 모르겠다, 어떤 감정이 생겨도 그게 뭔지 분간할 수가 없다, 라는 것이다. 내 안에 감정이 생길 때 이름을 말하는 연습이 시작 단계에서 도움이 된다.

두 번째 방법은 '통제하에서 감정 분출하기'이다. 하루 날을 잡아서 몇 시간 정도 조용히 보낼 수 있는 시간을 마련하자. 아델의 노래를 틀어놓고 옛날 편지나 사진을 꺼내 과거의 기억을 새록새록 되살려 봐도 좋다. 그러면서 울어도 좋고, 악을 써도 좋고, 베개를 쳐도 좋고, 야구방망이를 가져와서 샌드백을 두들겨도 좋다. 음악은 꼭 아델이 아니라도 마음의 빗장을 풀어주는 음악 혹은 소리라면 무엇이든 좋다. 그리고 내 경우에는 샤워부스가 주저앉아서 눈알이 빠지도록 울기에 좋은 장소다. 편한 공간을 찾아서 감정의 물결이 몰려오게 하자.

내 동료인 임상사회복지사 로라 프로바스코(Laura Probasco)는 "통제하에서 감정을 분출하는 것이 치유 과정에서 결정적인 역할을 하기도 한다. 우리는 고통의 실체를 보지 않기 위해 기억을 꾹꾹 눌러놓곤 한다. 하지만 마음을 열고 그런 기억을 되짚어보면 진실을 대면하게 되는 것은 물론이고 치유가 일어난다"라고 말했다.

통제하에서 감정 분출하기에 대해 말하면 사람들은 거기서 헤어나오지 못할까 봐 지레 겁을 먹곤 한다. '그렇게 의도적으로 나를 눈물의 바다로 밀어 넣으면 영영 울음을 못 그치게 되는 게 아닐까?'라고 생각한다. 내 수업을 들은 셰릴은 이렇게 고백하기도 했다. "내 안에 상처의 '블랙홀'이 있는 것 같은데 그걸 열어서 들여다볼 엄두가 안 나요. 그 안에 있는 걸 봤다간 이성을 잃고 죽을 만큼 아플 것 같아서요. 그런 게 왜 내 안에 생겼는지 모르겠지만 벌써 오래전부터 있었던 것 같고 또 그런 게 있다는 게 부끄러워요. 이게 힘든 건 내 마음이 너무나 아프다는 걸 다른 사람들은 물론이고 나 자신에게까지 보여주고 싶지 않기 때문이에요. 내가 이렇게 망가졌다는 걸 알면 누가 내 곁에 있으려고 할까 싶어요."

이렇듯 고통의 구렁텅이를 잠깐이나마 들여다보는 게 도저히 못 할 짓이란 생각이 들 수도 있기 때문에 나는 누구에게든 이를 가벼운 마음으로 권하지 않는다. 그 안에는 트라우마와 큰 슬픔, 어마어마한 고통이 도사리고 있을 것이다. 그러니까 그 오랜 세월 동안 멀리해온 게 당연하다.

하지만 어떤 감정을 놓아버리려면 일단 받아들여서 온전히 느끼고 내보내야 한다. 감정은 우리에게 중요한 메시지를 전해주는 존재이고, 우리가 존중하고 그만 내보내 주기를 바란다.

상처의 블랙홀은 가만히 놔둔다고 저절로 사라지지 않는다. 물론 그 블랙홀을 연다는 생각만 해도, 더 나아가 누군가에게 보여준다는 생각만 해도 몸이 뻣뻣하게 굳을 만큼 무섭다는 걸 잘 안다. 나도 최근에 나 자신을 돌아보다가 내 안에 아직 처리하지 못한 슬픔이 남아 있는 걸 알게 됐다. 나를 통째로 집어삼킬까 봐 그 슬픔을 끄집어내는 게 죽을 만큼 무서웠다. 하지만 계속 붙들고 있어봤자 나를 갉아먹으리란 걸 경험으로 알고 있었기 때문에 통제하에서 감정을 분출하기로 결심했다. 그리고 잠시 고민한 끝에 내게 연민하는 목격자가 돼주는 절친을 불러 그 과정을 함께했다.

만약에 그때 내면의 비판자가 하는 말을 들었다면 나 혼자 하려고 했을 것이다(그것도 한 50년쯤 미루고 미룬 다음에). 하지만 나는 친구에게 그 과정의 목격자가 돼달라고 부탁하면 우리 사이에 신뢰와 유대감이 쌓이고 내가 치유될 수 있다는 걸 잘 알았다.

물론 당신이 하게 될 경험은 나와 다를 수 있겠지만 당신에게도 그런 게 가능하다는 것을 알았으면 좋겠다. 예전에는 나도 셰릴과 똑같은 심정이었다. 내 감정이 너무나 무서웠다. 때론 나보다 거대해서 내가 통제할 수가 없을 것만 같았다. 그리고 그걸 다른 사람에게 보여준다는 건 정말 터무니없는 일로 느껴졌다. 하지만 그런 불안감 속에서도 걸음마를 뗀다면 분명히 당신도 할 수 있다.

세 번째 방법은 자신의 감정이 이해가 안 될 수도 있다는 사실을 인정하는 것이다. 한 번에 여러 가지 감정이 느껴지거나 똑같은 사안을 두고 몇 분 만에 감정이 바뀌는 것은 흔한 일이다. 사람들에게 자신의 감정을 신뢰하는 연습을 해보라고 하면 다들 최소한 자신이 느끼는 감정이 무엇인지는 정확히 알고 싶다는 반응을 보인다. 하지만 나는 당신이 자신의 감정을 잘 이해할 수 없어도 개의치 않았으면 좋겠다.

네 번째 방법은 우리의 감정이 그 자체로 존재할 자격이 있다는 사실을 인정하는 것이다. 혹시 내 고통은 저 사람만 못하니까 나는 가슴 아파할 자격이 없다고 생각한 적은 없는가? 자신이 느끼는 고통은 다른 사람들의 '진짜 고통'만큼 심각하지 않기 때문에 감정을 표출하지 않아도 된다고 생각하는 여자들이 참 많다.

나보다 훨씬 큰 고통을 겪고 있는 사람도 있는데 내가 뭐라고 괴로움을 느낀단 말이야, 하는 것이다. 물론 세상에는 어마어마한 고통을 겪고 있는 사람들이 존재한다. 하지만 그건 당신도 마찬가지다. 그렇다고 곧 죽을 사람처럼 호들갑을 떨면서 페이스북에 "으아아, 여러분, 내가 이렇게 고통스럽습니다. 내 고통은 10점 만점에 10점이에요. 여러분은 몇 점이죠?"라고 쓰라는 게 아니다.

내 말은 감정을 굳이 느껴야 할 가치가 없다고 생각해서 꾹꾹 누르기만 하면 비좁은 상자 안에 갇힌 것처럼 숨이 턱턱 막히고 자신이 초라하게 느껴진다는 것이다. 그런 태도는 누구에게도 도움이 안 된다. 혹시 자신의 고통을 외면하면 남들의 고통이 조금이라도 덜어진다고 생각하는가? 설마! 정말 쓸데없는 생각이다. 그래봤자 나의 영혼만 위축되고 사랑, 발전, 성장, 행복에서 멀어지며, 남들에게 폐를 끼치지 않겠다는 숭고한 희생정신 속에서 나만 초라해진다. 자매님, 사실은 아무도 자매님한테 그런 걸 바라지 않는다. 아무도 그런 걸 고마워하지 않는다. 그러니까 아무짝에도 쓸모가 없는 짓은 이제 제발 그만뒀으면 좋겠다.

자신의 감정이 잘못된 것으로 느껴질 때도 있을 것이다. 예를 들면 10년도 더 전에 헤어진 그를 떠올리며 가끔 슬퍼하는 게 잘못됐다고, 지금쯤이면 회복이 됐어야 한다고 생각하는 것이다. 혹은 누군가에게 상처를 받았는데 그 인간에게는 분노하는 것조차 아깝다면서 분노를 느끼는 자신을 다그치는 것이다. 이럴 때는 자신이 어떤 감정은 되고 어떤 감정은 안 된다는 식으로 심판 행세를 하고 있다는 걸 깨달아야 한다.

감정을 심판하는 행위 중에서 가장 심각한 것은 감정을 아예 느껴서는 안 된다고 생각하는 것이다. 하지만 감정은 땀이나 재채기 같은 것이 아닐까? 그렇다면 감정은 절대로 막을 수 없는 것이다 (재채기를 막으려고 하면 대신 방귀가 나오는 식으로 뭐가 나와도 나온다). 감정이 생기는 것은 우리 몸에서 일어나는 당연한 작용이다. 그러니 그냥 받아들이면 안 될까?

다섯 번째 방법은 내 감정에 남의 처방약을 쓰고 있진 않은지 생각해보는 것이다. 남편이 일곱 달째 바람을 피우고 있었다는 것을 알았을 때 나는 어마어마한 굴욕감에 휩싸였다. 그런 심정을 몇몇 사람에게 토로하자 "네가 굴욕감을 왜 느껴! 사고를 친 건 그 놈인데! 괴로워해도 그 인간이 괴로워해야지!"라는 말이 돌아왔다. 내가 굴욕감을 느끼는 게 잘못이라니 굉장히 혼란스러웠다. 그 건 어디까지나 나의 경험이요, 내가 느끼는 감정이었거늘. 내가 굴욕감을 느끼면 느끼는 것이다.

다른 사람에게 어떠어떠한 감정을 느껴야 한다고 조언하는 사람들은 대부분 좋은 뜻에서 자기가 똑같은 처지였다면 느꼈을 감정을 이야기하는 것이다. 인간은 참 이상하게도 다른 사람의 감정을 함께 느끼지 못하고 엉뚱한 소리를 할 때가 많다. 내 감정은 오롯이 내 것이므로 다른 사람에게 휘둘려서는 안 된다.

여섯 번째 방법은 감정에 호기심을 갖는 것이다. 언젠가 팟캐스트에서 알코올중독에 걸린 여자의 얘기를 들었는데 술을 먹고 실수를 하는 바람에 아이를 두 번이나 잃어버린 적이 있다고 했다. 그 얘기를 들으면서 나는 화가 났다. 왜 저렇게 정신을 못 차리고 사는 거야? 애들한테 그런 짓을 하고도 왜 계속 어리석은 선택을 하는 거야? 그런 감정이 생기자 문득 '내가 왜 이런 감정을 느끼지? 혹시 나한테도 똑같은 일이 생길까 두려운 거 아냐? 저 여자의 얘기가 내 얘기 같아서?' 하는 궁금증이 생겼다.

어떤 감정에 호기심이 생기면 우리는 마음의 문을 열고 그 속으로 더 깊이 들어가 그곳에서 무슨 일이 일어나고 있는지 관찰하는 동시에 그 감정을 오롯이 느낄 수 있게 된다. 내가 그녀에게 화가 나는 걸 나쁘다고 판단하지 않고 그런 감정이 생기는 '이유'에 호기심을 가졌을 뿐이라는 사실에 주목했으면 좋겠다. 이런 태도는 특히 자기도 모르게 자신의 감정을 나쁘다고 판단하고 감정을 느끼는 자체를 잘못됐다고 생각하는 사람들에게 도움이 된다. 감정에는 우리에게 도움이 되는 정보가 들어 있다. 하지만 그것을 찾으려면 먼저 호기심을 가져야 한다.

일곱 번째 방법은 자신의 감정을 타인에게 말하는 것이다. 설마 내가 끝까지 이 말을 안 하길 기대한 건 아니겠지? 감정을 말할 상대는 상담사가 될 수도 있고 배우자, 가까운 친구, 엄마가 될 수도 있다. 지금 내가 느끼는 고통과 온갖 감정을 잘 듣고 봐줄 거라는 믿음이 가는 사람이면 된다. 이것은 중요한 기법이기 때문에 이미 2장에서 자세히 다뤘다. 그렇다고 마음속 깊은 곳에 있는 어두운 비밀을 택배 아저씨한테 쏟아내라는 말은 아니다. 그런 말을 해도 좋을 만큼 믿음직한 사람을 찾는 게 중요하다.

정말 버티기 힘든 감정 중 하나가 외로움이다. 때로는 사람들 속에 있어도 외롭다. 자신에게 물어보자. 지금 나는 감정을 마주하기 위해 누구에게든 도움을 요청하기를 거부하고 있진 않은가? 모든 감정을 밀쳐내기 위해 그걸 모두 비밀에 부치고 있진 않은가? 그런 게 나름대로 도움이 되는 것처럼 느껴질지 몰라도 실제로는 전혀 도움이 안 된다. 다른 사람에게 내 감정을 말하는 게 겁이 난다고 계속 숨겨두기만 하면 그것은 점점 더 곪으면서 외로움만 커질 뿐이다.

여덟 번째 방법은 자신과 자신의 감정을 신뢰하는 것이다. 이 기법을 처음 들었을 때는 머리를 세게 얻어맞은 것 같은 기분이었지만 이렇게 알게 된 게 얼마나 다행인지 모른다.

나는 언제부턴가 감정으로부터 도망치는 게 지긋지긋해졌다. 그래서 정신을 차리고 술로 감정을 마취하던 버릇을 끊어버렸다. 그러자 내가 안고 있던 문제들이 천천히, 하지만 확실하게 수면으로 떠올랐다. 그간 꾹 눌러놓았던 온갖 감정의 응어리를 더는 숨길 곳이 없었다.

온갖 감정의 찌꺼기가 눈앞에 드러났을 때 나는 선뜻 그 속으로 걸어 들어가지 못했다. 처음에는 그것이 거대한 변기통 속 소용돌이로 느껴졌다. 이런저런 감정이 불쑥불쑥 튀어나오니 당황해서 어쩔 줄 모르는 순간도 있었다. 처음에는 벌컥 화가 났다. 내가 이렇게 손 놓고 당해야만 하는 거야? 아무런 마취법도 못 쓰고? 무방비 상태로 발가벗겨진 것 같은 기분이 들고 속이 답답했다. 도망치고 숨는 게 더 안전할 것만 같았다.

내가 이 미지의 영역에 들어서면서 이가 딱딱 부딪칠 만큼 무시무시한 공포감에 사로잡혔던 이유는 내 감정을 신뢰하지 않았기 때문이다. 셰릴은 "내 안에 상처의 '블랙홀'이 있는 것 같은데 그걸 열어서 들여다볼 엄두가 안 나요. 그 안에 있는 걸 봤다간 이성을 잃고 죽을 만큼 아플 것 같아서요"라고 했는데 내 심정이 꼭 그랬다. 그 블랙홀의 입구에 서 있노라면 그 속으로 들어가는 게 고통스러우리란 게 뻔히 보인다. 더욱이 두 눈을 똑바로 뜨고 그 속으로 뛰어든다면 그 고통이 얼마나 심하겠는가?

지금 그 속으로 번쩍 다이빙을 하라는 말이 아니다. 조심스럽게 걸음마를 떼는 것으로도 충분하다. 그 걸음마란 말하자면 자신이 무의식중에 와인 한 잔(혹은 한 병)을 움켜쥐는 것을 알아차리고 그 손을 놓아버리는 것이다. 또는 '이건 그냥 무시해도 되는 거야'라고 생각하며 쇼핑이나 하러 가고 싶을 때 큰맘 먹고 지금 내가 느끼는 감정이 무엇인지 한번 설명해보는 것이다. 그렇게 천천히 한 걸음씩 내딛다 보면 자신과 자신의 감정에 대한 신뢰가 싹터서 마침내 응어리가 풀린다.

때로는 그 이상의 효과가 나타나기도 한다. 내 친구 홀리는 음식, 담배, 술 등 온갖 수단을 동원해 도피를 일삼다가 부단한 노력으로 그런 마취 습관을 끊은 사람이다. 특히 술을 끊자 인생이 완전히 바뀌었다. 그녀는 "술을 끊겠다는 혁명적인 결단을 내린 순간, 평생 찾아 헤맸던 것이 모두 내 앞에 나타났다. 그동안 엉뚱한 방법으로 성취하려고 했던 것이 모두 내 앞에 펼쳐지기 시작했다. 지금 나는 몇 년 전이었다면 상상도 할 수 없었을 삶을 살고 있다.

마쳐 습관을 끊고 당당히 삶에 임하기로 결심한 덕분이다"라고 했다.

감정을 느낀다고 죽는 사람은 없다. 감정이 본연의 역할을 하는 것을 허락한다고 해서 그 뜨거운 불길에 타 죽는 사람도 없다. 우리를 벌벌 떨게 하는 것은 미지에 대한 공포이고, 내가 장담하는데 당신이 진실로 원하는 것, 즉 아픔이 가라앉는 것은 감정을 해방했을 때 비로소 실현된다. 당신의 몸은 무엇을 해야 하는지 알고 있다. 당신 스스로도 무엇을 해야 하는지 알고 있다. 그렇다면 이제 필요한 것은 자신과 자신의 감정을 조금이나마 신뢰하고 작게나마 걸음을 떼는 것이다.

감당하기 힘든 감정 속으로
걸어 들어가라

〰〰〰

그렇다면 우리 삶에서 가장 힘든 감정은 어떻게 처리해야 할까?

이 책을 쓰는 도중에 아버지가 돌아가셨다. 그때까지 나는 5년 동안 술을 멀리하고 있었는데 사실 그와 같은 역경이 닥치면 과연 내가 어떻게 행동할지 늘 궁금했다. 다시 술을 마시게 될까? 꼭 술이 아니더라도 다른 마취법 중 하나를 쓰게 되진 않을까?

아버지가 돌아가시던 밤에 나 혼자 임종을 지켰다. 하루 동안 여러 문병객을 치른 새어머니가 집에 주무시러 간 지 30분 만의 일이었다. 내가 밥 딜런의 노래를 틀어드리고 어릴 적의 행복했던 추억을 얘기하는 동안 아버지는 마지막 숨을 거두셨다. 누가 도려내는 것처럼 가슴이 아팠다.

그러고서 며칠, 몇 주가 지나자 하늘이 무너진다는 말이 실감이 났다. 세상만사가 다 부질없게 느껴진다는 말도 이해가 갔다. 커다란 바윗덩이가 하나 들어앉은 것처럼 가슴이 뻐근했고, 다시는 아버지가 내게 생일 축하 노래를 불러주고 이마에 뽀뽀를 해줄 수 없다는 사실을 도저히 받아들일 수가 없었다. 누가 생전의 아버지 보다 나이가 많다는 소리를 들으면 그 사람은 이 세상에서 더 많은 세월을 누린다는 생각에 화가 치밀었다.

마음이 조금씩 추슬러지기 시작한 후에도 가끔 집에 혼자 멍하니 앉아서 시계가 가는 소리를 듣다 보면 문득 아버지가 마지막 순간에 뭔가 중요한 말씀을 하시려고 했는데 내가 미처 들을 새도 없이 돌아가신 건 아닌가 하는 생각이 들어 가슴이 마구 조여왔다. 아버지가 세상에 없다고, 우리 애들이 앞으로 할아버지의 사랑을 느낄 수 없다고 생각하자 가슴이 벌렁거렸다. 그런 감정의 회오리가 거대한 적막 속에서 나를 통째로 집어삼킬 것만 같았다.

아버지가 돌아가시기 몇 주 전에 나는 고향인 샌디에이고에 가서 아버지 곁을 지키기로 결심했다. 그때 동료인 마사 조 앳킨스에게 아버지가 위독하셔서 마음이 너덜너덜해진 기분이라고 메일을 보냈는데 마사의 답장에서 특히 눈에 띄는 대목이 있었다. "이런 시기에 아버지 곁을 지키는 게 어쩌면 인생에서 가장 힘들면서도 의미 있는 시간이 될지도 몰라요. 아무리 마음이 너덜너덜해진 것 같다고 해도 안드레아는 할 수 있어요. 아버지에게서 도망치지 않고 아버지에게 다가가기로 한 것, 정말 잘 생각한 거예요. 그게 바로 위대한 사랑의 힘이죠."

도망치지 않고 다가가기.

솔직히 내 안에는 고향에 안 가고 그냥 노스캐롤라이나에서 버티고 싶은 마음도 있었다. 하루하루 쇠약해지는 아버지를 마주하고 싶지 않았다. 아버지의 죽음을 목도하는 고통을 피하고 싶었다. 영혼을 박살 내는 고통에서 고개를 돌리기 위해 일이든 무엇으로든 나를 분주하게 만들고 싶었다.

하지만 그렇게 하지 않았다.

비행기에 엉덩이를 싣고 동부에서 서부로 고통을 향해 날아갔다. 내가 어떻게 그럴 수 있었고, 또 어떻게 지금도 마취법을 쓰지 않고 계속 버틸 수 있는 걸까? 나는 내 감정이 잘못된 게 아니라는 것을 알았다. 슬픔, 애통, 원망, 후회, 분노, 실망, 죄책감, 짜증 등을 있는 그대로 느꼈다. 감정의 변화를 받아들였고, 무엇이 좋고 나쁘다고 판단하지도, 억지로 감정을 이해하려고 하지도 않았다. 내 감정을 둘러싸고 일어나는 행위는 모두 내 책임이라고, 다시 말해 감정이 생기는 건 어쩔 수 없지만 그 감정에 어떻게 반응하고 사람들을 어떻게 대하느냐는 내가 선택할 수 있는 거라고 인정했다. 때로는 주위에 사람들이 존재하는 것만으로도, 그들이 숨을 쉬는 것만으로도 분노가 치밀었다. 하지만 내 감정이 결국엔 지나갈 것이라 믿었기 때문에 그들에게 제발 좀 꺼져달라고 말하지 않았다. 먹먹한 슬픔을 비롯해 이런저런 감정이 혼란스럽게 했지만 그래도 괜찮았다. 나는 내 감정을 말과 글로 표현했다.

무엇보다 중요한 것은 나 자신에 대한 신뢰를 토대로 내 감정이 아무 문제가 없고 그런 감정을 느끼는 내가 이상한 것이 아니라는 사실을 받아들인 것이다. 인생은 아름다운 동시에 고통스럽다. 사별의 슬픔 속을 걷는 것은 불 속을 걷는 것과 같다. 살면서 겪는 일 중에 그만큼 무서운 일도 없다. 그럴 때 우리는 그 감정을 밀쳐버리거나 몰아내지 않으면 견딜 수 없을 거라고 생각한다. 혹은 그것을 헤쳐나갈 길이 눈앞에 쭉 뻗어 있지 않으니까 너무 막막하다고 여긴다.

그러나 내가 확실히 아는 사실은 고통과 슬픔을 비롯한 온갖 감정 또한 인생의 일부다. 우리는 그런 감정의 용광로 속에서 생의 아름다움을 가장 의미 있게 체험할 수 있다.

건전한 감정 표출이 필요한 이유

아이들 앞에서 감정을 표현하는 방법에 대해 잠시 생각해보자. 나는 어릴 때 사별이나 상실의 아픔처럼 '껄끄러운' 감정을 표현하는 방법을 잘 못 보고 자랐다. 그런 감정을 느껴도 괜찮다는 걸 몰랐기 때문에 실제로 그런 감정이 생기면 덜컥 겁이 났다. 우리 집은 강인함을 훈장처럼 여기는 분위기였다. 나는 그 훈장을 자랑스럽게 달고 다니면서 '나 같은 강골을 그 누가 꺾을 수 있으랴'라고 생각했다.

그러고서 20년쯤 지나 아이들이 생겼을 때 그건 건강한 태도가 아니라는 사실을 알게 됐다. 나는 아이들에게 감정을 건강하게 표출하는 본을 보여주고 싶었지만 자꾸만 '아이들에게 보여줘도 될 만큼 건강한 건 뭐고 건강하지 않은 건 뭐지?'라고 묻게 됐다. 이 방면으로는 앞에서 언급한 동료 마사 조 앳킨스가 전문가다. 마사는 죽음과 사별 연구소(Death and Dying Institute)의 설립자인 만큼 그쪽으로 일가견이 있다. 아이들에게 어떻게 감정을 표출해야 하는지 알려달라는 부탁에 그녀는 이렇게 답했다.

슬프다고 바닥에 주저앉아 땅을 치고 발길질을 하고 악을 써봤자 아이들이 겁만 먹지 전혀 도움이 안 된다. 하지만 눈물을 흘리고 다른 사람의 품에서 흐느끼는 건 괜찮다. 아이들에게 눈물을 보이고 그들에게 익숙하지 않은 울음소리를 낸 후에는 엄마는 괜찮다고, 그냥 슬퍼서 그러는 것뿐이라고 안심을 시켜주는 게 좋다. 어쩌면 한 번이 아니라 여러 번 그래야 할 수도 있다. 아이들은 슬픔을 강하게 표현하는 것이 무엇인지 직접 봐야 한다. 혹시 강인하게 보이기 위해서 눈물을 숨기고 울음을 꾹 참고 있진 않은가? 감탄할 만한 의지이긴 하지만 엄마와 아이들에게 도움이 되지도 않는다. 아이들에게는 슬픔이라는 거대한 감정이 닥쳤을 때 다른 사람에게 표현해도 된다는 것을 보여줄 누군가가 필요하다.

나는 아이들 앞에서 강인한 모습을 보여주려는 것이 오히려 아이들에게 해가 된다고 생각한다. 우리는 그것이 아이들을 보호하는 거라고 생각하지만 감정을 보여주지 않는 건 아이들에게 그런 감정을 보고 견딜 수 있을 만큼 강인하지 않다는 메시지를 전달하는 것이다. 또 그렇게 자라는 아이들은 신뢰하는 사람에게서 인간의 진정한 회복탄력성을 보지 못한다. 아이들은 우리를 신뢰한다. 그러니 자신의 감정을 신뢰하는 게 무엇인지 본을 보여주자. 물론 항상 완벽하게 되진 않겠지만 시도해서 나쁠 건 없다.

행복해지려면 감정을 마취하는 습관을 반드시 끊어야 한다. 우리는 회복탄력성을 타고났기 때문에 인생의 모든 굴곡을 견뎌낼 수 있다. 아무리 힘든 감정이라도 결국에는 홀홀 털어버리고 일어설 수 있다. 진정한 배짱은 고통에서 도망칠 때가 아니라 고통 속으로 걸어 들어갈 때 발휘된다.

어려워도 답해야 할 질문

- 평소에 어떤 식으로 감정을 마취하는가? 왜 감정을 마취하는가?
- 지금까지 감정을 있는 그대로 느끼기 위한 기법들을 알아봤는데 무엇이 가장 어렵게 느껴지는가? 이제부터 어떤 기법을 열심히 시도해볼 생각인가?
- 일기에 다음 질문에 대한 답을 적어보자.
  - 우리의 감정이 그 자체로 완벽한 것이라면?
  - 우리의 감정이 절대로 나쁜 것이나 잘못된 것이 아니라면?
  - 감정을 있는 그대로 느끼는 것이 인간으로서 마땅히 해야 할 일이라면?

4장

부러우면
지는 거야

마음에 깽판 놓지 않기

남이 내 행복의 기준이 되면 불행해진다

〰〰〰

나는 남과 비교하는 게 일상이다. 하다 하다 생판 모르는 사람과도 비교

한다. 왠지 나만 빼고 다 잘 먹고 잘사는 것 같다. 다들 원하는 것을 누

리며 사는데 나는 아니고 평생 외톨이로 지낼 거라는 생각이 자꾸만 든

다. 난 다른 사람들만큼 운이 좋지도 않고, 똑똑하지도 않고, 예쁘지도 않

고, 웃기지도 않은 사람이다.

-폴라, 46세

하아, 비교. 그것은 자존감을 무너뜨리는 주범이다. 물론 당신도

잘 알 테지만 비교의 덫을 완전히 피할 수 있는 사람은 없다. 우리

는 다른 사람을 보면 으레 비교할 거리를 찾는다. 그 사람은 온라

인의 누군가일 수도 있고 동료나 절친, 연예인, 길에서 본 낯선 사

람일 수도 있다. 우리는 그 사람이 가지고 있는 것, 지금 하고 있거

나 앞으로 할 행동, 그 사람의 외모를 자신과 비교한다. 그러면 의식적으로든 무의식적으로든 간에 나는 저 사람에게 있는 게 없고 절대로 저 사람처럼 될 수 없다고 믿게 된다. 상대방이 누리고 있는 것이 한정된 자원이기 때문에 나는 가질 수 없다고 생각한다. 그래서 자신이 초라하게 느껴지고, 그 사람과 같은 경지에 이르고 싶다는 욕심에 자신에 대한 기대치를 어마어마하게 높이게 된다.

내가 절친 에이미를 볼 때가 그렇다. 에이미 부부는 환상의 커플이라고 할 만큼 금실이 좋다. 결혼한 지 20년이 지났건만 여전히 부부의 정을 가장 중요하게 여긴다. 그리고 일부러 아이를 낳지 않았기 때문에 서로에게 모든 정성을 쏟을 수 있다. 서로 다른 점이 있으면 다정하고 성숙하게 타협안을 마련한다. 둘이 죽고 못 살 만큼 사랑한다는 걸 누구든 대번에 알 수 있다. 그렇게 사이좋은 부부는 평생 본 적이 없다.

그에 비하면 나와 남편은 평범한 부부다. 남편과 재혼할 당시 나는 만신창이가 되어 시궁창을 뒹굴고 있었다. 우리에게는 초등학교에 다니는 아이가 둘 있다. 에이미네와는 좀 다르다. 우리도 꾸준히 더 나은 부부가 되려고 노력하면서 결혼생활을 잘하고 있다고 생각한다. 하지만 에이미네를 보면 우리가 부족하다는 생각이 들곤 한다. 집 안 곳곳에 애정이 담긴 쪽지를 남기고, 둘만의 밀어를 속삭이고, 매주 오붓하게 데이트하는 걸 보면 내 안에서 내면의 비판자가 깨어난다. 나는 멀었다고, 여자로서, 아내로서 부족하다고, 우리 부부가 지금 같은 수준에 안주해서는 안 된다고 말한다.

우리는 더 많이 갖고, 더 많이 알고, 더 많이 누려야 하는 세상에 살고 있다. 그래서 비교라는 것이 자꾸만 분발하라며 엉덩이를 걸어찬다.

잘나 보이는 사람도 실은 똑같다

미리 말해두지만 남과 비교하는 짓을 완전히 그만두라는 말은 죽었다 깨어나도 할 생각이 없다. 중요한 건 그것을 어떻게 다스리느냐다. 비교는 인간이라면 당연히 하는 것이다.

사실 소셜 미디어 때문에 세상에는 잘난 사람이 참 많다는 생각을 하게 된다. 그런데 그들은 사진을 찍을 때 배에 힘을 주고, 휴가지에서 폼을 잡고, 일부러 파트너에게 입을 맞추고, 여하튼 기똥차게 살고 있다는 걸 일부러 보여주려 한다. 그들도 화장실에 앉아서 휴대폰을 들여다보고, 매일 출퇴근하고, 자녀와 씨름하고, 돈 문제로 고민하고, 배가 더부룩할 만큼 아이스크림을 퍼먹는다.

그들도 그렇게 평범한 활동이 하루의 98퍼센트를 구성한다. 그러니 우리가 그들의 일상인 줄 알고 비교하는 삶이 사실은 일부러 보여주기 위해 고르고 고른 특별한 순간이라는 것을 부디 깨달았으면 좋겠다.

말하자면 그런 비교는 일곱 살 먹은 우리 딸에게 마이클 펠프스와 수영 경기를 시키는 것과 마찬가지다. 우리 애가 개헤엄을 잘 치긴 하지만(참고로 얕은 물에서 물구나무서기도 잘한다) 펠프스의 적수는 못 된다. 그렇다고 우리 애가 수영에 젬병이라고 해야 할까? 물론 아니다. 나중에 올림픽에 나가긴 글렀다고 봐야 할까? 역시 아니다. 한마디로 그런 비교는 아무 의미가 없다.

남과 나를 비교할 때 우리는 그 사람이 나와 다른 걸 갖고 있고 내가 원하는 걸 갖고 있으니까 나는 그걸 가질 수 없다고 생각한다. 나도 우리 부부를 에이미네와 비교할 때가 있다. 그런데 친구네가 금슬이 좋다고 해서 우리 부부가 절대 그렇게 될 수 없는 것은 아니다. 혹시 당신도 남과 비교하면서 그런 얼토당토않은 얘기를 지어내고 있진 않은지 생각해보자.

남과 비교할 때 웬만해서는 내가 못 이긴다. '휴! 내 인생, 몸, 집, 관계가 쟤보다 훨씬 낫네!'라고 생각하게 되는 경우는 별로 없다. 어쩌다 한 번 있으면 다행이다. 그리고 남의 단점을 찾아 자신감과 만족감을 얻는 건 자존감을 키우는 데 도움이 안 된다. 건강한 방법도 아니다.

나의 성공을 인지한다

혹시 자신이 성취한 일을 돌아보며 자부심을 느낄 때가 얼마나 있는가? 나는 고객들에게 그렇게 해보라는 과제를 내주곤 하는데, 그러면 뜻밖에도 다들 애국가를 외계어로 불러보라는 말이라도 들은 것 같은 눈빛을 발사한다. 자신이 성취한 일을 돌아보는 게 어떤 의미가 있는지 잘 몰라서이기도 하거니와 왠지 불편하기 때문이다. 사람이 겸손치 못하게 그런 걸 자랑해서야 쓰겠냐는 것이다. 그럴 만도 하다. 우리는 어릴 때부터 뭔가를 성취했어도 혼자만 조용히 알아야지 동네방네 떠들고 다니면 안 된다고 교육받았으니 말이다.

성취 목록을 한번 작성해보자. 단, 요점만 간단히 적어야 한다. "승진했는데 연공서열상 내가 다음 차례였기 때문이다"라고 쓰고 싶더라도 꾹, 꾹, 꾹 참고 "승진했다"라고만 쓰자. "2018년에 우수 영업인에 선정됐다(근데 기준이 좀 낮았다)"라고 쓰지 말고 "2018년에 우수 영업인에 선정됐다"라고만 쓰자. 했으면 했고 안 했으면 안 했지 토를 달지 말자. 퓰리처상을 받았다거나 천체물리학 박사학위를 취득한 것처럼 어마어마한 성공 사례만 적으란 법은 없다. 일단 가볍게 중학교와 고등학교를 졸업한 것부터 쓰자. 대학에서 유기화학과를 졸업한 것, 아이를 낳거나 입양한 것, 고향에서 타지로 나온 것, 담배를 끊은 것, 아이에게 변기 사용법을 훈련한 것(절대로 만만한 일이 아니다), 셀프 네일아트법을 터득한 것도 대수롭잖게 여길 일이 아니니까 있는 대로 다 적자!

목록을 보며 한껏 자부심을 느껴보자. 어허, 그냥 다음 장으로 넘어가지 말고 내 말을 끝까지 들어줬으면 좋겠다. 진짜 재미있는 부분은 이제부터다.

사람들이 자부심을 느끼는 걸 극도로 불편하게 여기는 이유는 무엇보다도 자부심이 자기도취나 허세와 같다고 생각하기 때문이다. 뭔가를 성취했어도 겸손하게 입을 다물고 다음 할 일을 하는 게 더 고상한 태도라고 생각한다. 말하자면 '사람이 너무 나대면 못써!'라고 보는 것이다. 모난 돌이 정 맞는다고 그냥 몸을 낮추고 사람들의 이목을 끌지 않는 게 상책이라고 여긴다.

그렇다고 페이스북 같은 곳에 그동안 성취한 일을 일목요연하게 정리해서 올리라거나 다른 사람에게 자랑하라는 말은 아니다. 물론 그렇게 하는 게 불편하지 않다면 그래도 좋고 나도 그런 당신에게 하이파이브를 해주겠다.

반대로 이 과제가 좀 어렵게 느껴진다면 이렇게 한번 해보자. 이 성취 목록을 아무도 모를 것이라고 생각해보는 것이다. 세상 누구도 목록을 보지 못할 것이고, 설사 백만 분의 일의 확률로 누가 보게 된다 하더라도 대수롭잖게 넘길 것이다. 다시 말해 아무도 그 목록을 두고 당신에 대해 왈가왈부하지 않을 것이다. 이 성취 목록은 당신에게만 의미가 있지 남들에게는 아무것도 아니다.

다음으로는 "내가 이 모든 걸 이뤘어"라고 말해보자. 딱 거기까지다. 토를 달면 안 된다. 이어서 "이 모든 걸 이룬 나 자신이 대견스러워"라고 말하자. 딱 1분 동안만 그렇게 해보자. 당신의 성취목록과 자부심은 오로지 당신의 것이다.

지금까지 당신은 남들이 성취한 일이 당신보다 훌륭하다고 생각할 때가 많았을 것이다. 이제는 당신이 성취한 일을 똑똑히 알고 당신을 대견스럽게 여길 때다. 그 모든 걸 성취했는데 어떻게 자부심을 느끼지 않을 수 있으랴! 어떤가, 자신을 주저앉히는 비교 습관을 다스리기 위한 첫걸음으로 제격이지 않은가?

비교라는 구멍으로 행복이
줄줄 새게 하지 말자

〰〰〰

　작년에 나는 인스타그램에서 그간 팔로우하던 사람들을 미친 듯이 언팔했다. 짧은 운동 영상을 올리는 사람과 매일 요가 자세를 올리는 사람들을 너무 많이 팔로우하고 있다는 걸 깨닫고 나서였다. 물론 처음에는 그런 영상과 사진을 보면 자극을 받아서 자연스럽게 운동을 하게 될 줄 알았다(푸하핫!). 그런데 몇 개월쯤 지나자 긍정적인 자극을 받긴커녕 자괴감이 심해진다는 걸 알게 됐다. 내 몸은 그 운동 전문가들과 요가녀들처럼 튼튼하지도, 유연하지도 않았고 나도 모르게 그들이 나보다 훨씬 나은 삶을 살고 있다고 생각했다. 말하자면 30초짜리 영상에서 점프 스쾃을 한 번에 세 개씩은 해주고 고무 인간처럼 몸을 구부리면서 뭔가 신비로운 느낌은 줄 수 있어야 완벽한 인생이라는 식이었다.

　머리로는 그게 아닌 줄 알았다. 그들도 남들과 비슷하게 살고 이런저런 고충이 있다는 걸 잘 알았지만 화면을 스크롤 하는 그 짧은 순간에는 자격지심이 나를 툭툭 치면서 행복을 갉아먹었다.

사람에 따라서는 온종일 그런 자격지심의 잽을 맞기도 한다. 그게 쌓이고 쌓이면 프라이팬으로 뒤통수를 후려갈기는 강타가 될 수 있다. 한 방 한 방은 별 타격이 없다 해도 축적되면 우리의 전반적인 심리 상태에, 특히 자기 자신에 대한 감정에 막대한 타격을 입힌다.

그 사람들을 팔로우하는 게 내 정신 건강에 아무 도움이 안 된다는 걸 깨달은 후 그들을 모두 언팔해버렸다. 그런데 참 신기하게도 내 손가락이 '팔로우 취소' 버튼 위로 올라가는 순간, 간이 살짝 내려앉으면서 이런 생각이 드는 것이었다. '이 사람들을 팔로우하지 않으면 절대로, 결코 운동하는 습관이 생기지 않을 거야.' 어휴, 미쳤지, 미쳤어. 그래도 나는 내면의 비판자에게 넘어가지 않고 끝내 그들을 언팔했다. 인스타그램의 몸짱 고무 인간이 내 심신의 건강과 아무 관련이 없다는 걸 잘 알았기 때문이다. 그러고는 내게 자격지심을 주는 사람들 대신 나를 웃게 하는 사람들을 팔로우했다.

현실에서도 언팔해야 할 사람들이 있다. 물론 우리를 비교의 덫에 걸리게 하는 모든 사람과 관계를 끊을 수는 없는 노릇이지만 인간관계의 '주변부'에 있는 사람과는 그렇게 할 수 있다. 예를 들면 왠지 자꾸 눈길이 가는 다른 부서 직원이 있진 않은가? 그래,

언제나 옷발이 죽여주고 남자친구도 잘생긴 데다 얼마 전에 승진까지 한 그녀 말이다. 아니면 명절 때만 보는데 자기 회사를 운영하면서 항상 행복해 보이는 사촌이라든가(어휴, 눈꼴셔!). 그들을 보면서 자격지심을 느낀다면 앞으로 그들과 말을 섞지 않는다고 해서 딱히 손해 볼 건 없다. 자신에게 그 정도는 허락하자.

비교를 유발하는 요인을 죄다 언팔할 수는 없겠지만 그중에서 통제 가능한 게 무엇인지는 한번 생각해보자. 일단 소셜 미디어가 강력한 후보다. 텔레비전 방송도 마찬가지다. 내 친구는 리얼리티 쇼 〈카다시안 따라잡기〉를 볼 때마다 자기 인생이 초라해 보였다. 은행 예금부터 헤어스타일까지 그야말로 모든 걸 방송에 나오는 부자들과 비교해대니 텔레비전을 보고 나면 자신에 대한 감정이 좋을 리가 없었다. 친구는 결국 그 방송을 끊었다.

평소에 자극이 된다고 생각했던 요소들에 대해서도 생각해보자. 혹시 지금보다 10킬로가 덜 나가던 시절의 사진을 냉장고에 붙여놓고 그게 자극이 되어 식습관을 개선할 수 있기를 바라고 있는가? 그런데 오히려 지금의 나를 예전의 나와 비교하면서 자존감을 개떡처럼 만들고 있는 건 아닌가? 블로그에 꿈에 그리는 집, 드레스룸, 남자친구 등등 원하는 모든 것의 사진을 모아놓고 보다가 괜히 기분만 잡치고 있진 않은가? 자극이란 어떤 감정이나 생각을 유발하는 것인데 모든 자극이 긍정적인 생각을 유발하진 않는다.

우리의 목표는 내가 괜한 비교를 하고 있다는 걸 알아차림으로써 지구상에 나만큼 못난 인간은 없을 거라는 자격지심의 구렁텅이를 훌쩍 건너뛰는 것이다. 여기서도 만트라를 쓸 것이다. 말했다시피 만트라는 긍정적 확신의 말과 전혀 다르다. 긍정적 확신의 말은 자신을 미스 유니버스와 비교하면서 나도 참 예쁘고 잘났다고 되뇌는 것이지만, 만트라의 취지는 절망의 나락에서 정신을 차리고 빠져나오는 것이다. 더 나아가 나락에 빠지기 전에 정신을 차리면 더 좋고.

내가 제일 좋아하는 만트라는 "어머, 내가 또 그랬구나"다. 이 만트라는 사실을 있는 그대로 말하는 것이고 중립적이다(내가 비교를 했다고 질타하지도 않고 반대로 나를 과도하게 포장하지도 않는다).

언젠가 동료가 페이스북에 올린 글을 읽고 있을 때였다. 그녀는 나보다 몇 년 앞서 이 일을 시작했고 온라인에서 인기가 아주좋았다. 그 글은 런던에서 열리는 행사에 강연을 하러 가는 중이라는 내용이었다. 거기서 클릭을 두 번쯤 하자 그녀가 강연을 하러 다니는 외국 도시들이 좌르륵 나왔다. 그런데 나는 참 박복하기도 하지, 태어나서 북아메리카를 벗어나 본 적이 한 번도 없었다. 그러자 문득 이런 생각이 들었다. '나는 아무리 해도 이분 같은 강연 경력은 못 만들 거야. 이분은 아이도 없으니까 마음대로 쇼핑도 다니고 스파숍도 다니겠지. 에이씨, 하고 싶은 건 뭐든 다 하고 살겠지.' 페이스북에서 달랑 글 하나 읽고 1분도 안 돼서 그녀의 인생에 대해, 그리고 내 인생이 그녀와 비교했을 때 얼마나 초라하며 내 미래가 얼마나 암울한지에 대해 그렇게 얼토당토않은 얘기를 지어냈다. 그처럼 바보 같은 생각으로 심란해하다가 몇 분쯤 지났을 때 비로소 내가 무슨 짓을 하고 있는지 깨달았다. 그래서 "어머, 내가 또 그랬구나"라고 말하고는 노트북을 닫아버렸다. 물론 나 자신에게 내가 얼마나 훌륭한 사람인지 말하거나 언젠가는 반드시 전 세계를 돌며 강연을 하게 될 거라고 말하지도 않았다. 그냥 그 순간 내가 무슨 짓을 하고 있는지 자각하고 방향을 바꿨을 뿐이다.

내가 장담하는데 어느 정도 노력하면 비교하는 습관을 떨쳐내고 자존감을 키울 수 있다. 29세의 작가이자 아이어머니인 더스티가 그랬다.

블로그를 운영한 지 반년쯤 됐을 때부터 나를 다른 여자 블로거들과 비교하기 시작했다. 그들은 나보다 경험도 많고 내가 겪은 고충도 겪지 않았다. 나는 그들의 스타일을 흉내 내고 외모를 바꾸는 등 그들과 같아지려고 갖은 수를 썼다. 그런 행동을 중단하게 된 것은 인터넷에서 타인을 흉내 내며 가식을 떨지 않고 진실한 모습을 보일 수 있는 작은 공간을 찾은 후였다. 다른 블로거들도 차분하고 완벽한 모습을 한 꺼풀 벗겨보면 나와 크게 다르지 않은 사람들이라는 사실을 깨달을 수 있을 만큼 정신이 성숙해진 것도 비교하는 습관을 버리는 데 큰 도움이 됐다.

물론 지금도 나를 다른 여자들과 비교할 때가 있긴 하다. 그럴 때는 한 발짝 물러나서 내가 지금까지 이룬 것에 감사하는 마음을 되새기고 내가 얼마나 발전했는지를 생각한다. 이런 식으로 비교하는 습관을 놓아 버리자 내 삶에 대한 만족감이 커진 것은 물론이고 창조력도 향상됐다. 그래서 예전 습관에 더는 매력을 못 느낀다.

비교는 에너지와 행복이 줄줄 새는 구멍이다. 설령 비교하는 습관이 끈질기게 버틴다 해도 우리에게는 그런 습관을 통제할 능력이 분명히 있다. 자신의 습관을 알아차리고 여기서 소개한 기법들을 꾸준히 연습한다면 지금보다 훨씬 즐거운 삶이 기다리고 있을 것이다!

 어려워도 답해야 할 질문

· 자신을 무엇 혹은 누구와 가장 많이 비교하고 있는가?
· 비교에 빠지지 않기 위해 어떤 변화를 일으키기로 다짐하는가?
· 성취 목록을 작성해보자.
· 혹시 지금껏 '자극'이 된다고 생각했지만 실은 기분을 더 나쁘게 만드는 요인이 있는가? 그것을 어떻게 처리할 수 있겠는가?

5장

나는 나를
파괴할 권리가 없다

자기훼손 멈추기

내가 나를 좋아하지 않는데
누가 나를 좋아할까

〰〰〰

내가 진정으로 원하는 게 무엇인지 확실히 알게 되면 인생의 전환점이 생기면서 살맛이 난다. 이제 진정한 어른이 될 수 있을 것만 같은 기분이 든다. 예를 들어 매번 상처만 입는 연애를 하다가 마침내 내 어떤 행동 패턴 때문에 그런 악순환에 빠지는지 알게 되어 건강하고 어른스러운 연애를 할 준비가 됐을 때가 그런 때다.

직업에서 보자면 이제부터 제대로 실력을 발휘해서 연봉을 올리자는 생각으로 이런저런 프로젝트를 맡으면서 승진의 사다리를 오르기 시작할 때가 바로 그런 때다.

그럴 때 우리는 내가 원하는 것을 마땅히 추구할 자격이 있는 사람이라는 자신감으로 충만해서 경쾌하게 인생길을 달린다. 만나는 사람마다 하이파이브를 하고 싶어질 지경이 된다.

그러다가 또 재미있는 현상이 일어난다.

로맨스가 술술 풀리는 와중에 문득 실패한 과거의 관계가 생각나기 시작한다. 그런 데 익숙하지 않으니 어떻게 대응해야 할지 모른다. 그래서 혹시 내 단점이 모두 까발려지진 않을까 하는 두려움에 파트너와 거리를 두고 숨어버린다.

혹은 직장에서 몇 차례 프로젝트를 성공시키고 나니 문득 겁이 난다. '지금 같은 상태를 어떻게 유지하지?' 하는 생각이 들면서 압박감이 생긴다. 내면의 비판자가 고개를 들고 너는 승진할 자격이 없다고, 회사에는 너보다 경험도 많고 학력도 높은 사람이 수두룩하다고, 어차피 넌 조만간 망할 거라고 떠들어대기 시작한다.

원하는 걸 얻으려면 어떻게 해야 하는지 뻔히 알면서도 정반대로 행동하는 사태가 벌어질 수도 있다. 누가 봐도 이치에 맞지 않는 짓이지만 강행한다. 연인에게 괜히 시비를 걸거나 다른 남자에게 한눈을 판다. 이런 증상이 심해지면 현재의 관계에서 행복을 느끼면서도 바람을 피우게 된다.

직장에서는 프로젝트의 마감을 어기거나 고객에게 결례를 저지르고, 사내 파티에서 고주망태가 되어 팬티가 다 드러날 만큼 민망한 춤을 추고, 출장 뷔페 직원과 끈적끈적한 구경거리를 만든다. 회사 사람들에게 그런 추태를 보이고 싶지 않으면서도 말이다.

이게 바로 자기훼손이다. 비유하자면 우리 인생에서 벌어지는 자동차 파괴 경주와 같다. 왜 있잖은가, 축제 같은 데 가면 사람들이 오래된 차를 끌고 나와 일부러 서로 충돌하면서 달리는 경기

말이다. 경기가 끝나면 묵사발이 된 차들만 남는다.

자기훼손은 삶이 요동치지 않고 편안한 상태가 유지되기를 바라는 마음에서 비롯되는 것 같기도 하다. 남들 눈에 확 띄는 사람이 되면 이런저런 말도 많이 나오고 나중에 추락했을 때 타격도 너무 클 것 같으니까 차라리 존재감 없고 눈에 안 띄는 사람이 되려고 하는 것이다. 언젠가는 반드시 추락하게 돼 있다고 생각해서 차라리 내가 나를 망치는 게 낫겠다고 선수를 친다.

더 자세한 얘기를 하기 전에 자기훼손에는 의식적 훼손과 무의식적 훼손이 있다는 것을 말해주고 싶다. 의식적으로 자신을 훼손하는 사람들은 지금 하는 행동이 인생을 망치는 짓인 줄 알면서도 그렇게 한다. 그중에는 자기훼손 습관을 고치고 싶지만 방법을 모르는 사람도 있고, 아직 그런 습관을 직시하고 변화시킬 마음이 없어서 될 대로 되라는 식으로 사는 사람도 있다(후자의 경우는 지금이 책을 읽고 있지 않겠지만).

리즈의 얘기를 들어보자.

"나는 애인이든 친구든 관계가 너무 좋아지면 그 사람이 나를 해치지 못하게 일부러 관계를 훼손하려 해요. 거리를 두거나 관계를 끝내버리는 거죠. 예전에는 안 그랬는데 이혼을 한 후로 이렇게 변했어요. 전 남편을 내 인생에, 내 마음속에 받아들였다가 결혼생활에 실패한 후로 말이죠. 다시는 그런 일이 일어나지 않았으면 하는 마음에서 그러는 것 같아요."

젊은 미혼모인 레베카는 똑같은 남자와 2년째 만났다 헤어지기를 반복하고 있다고 했다. "이게 절대로 건강한 관계가 아니란 건 나도 잘 알아요." 그녀는 다른 남자를 만나다가도 다시 싱글이 되면 또 그 남자에게 연락했다. "나도 그러면 안 되는 줄 알아요. 결국엔 끝이 안 좋을 거란 걸 알지만 그러면서도 또 폰을 들고 문자를 보내는 거예요."

리즈와 레베카는 의식적 자기훼손을 잘 보여준다. 이들은 자신의 행동이 전혀 득이 안 되며 다른 선택을 하면 진정으로 원하는 삶에 가까워질 수 있다는 걸 알면서도 의식적으로 백해무익한 행동을 선택한다.

반면에 무의식적으로 자기훼손을 하는 사람들은 자신의 행동이 스스로를 해치고 자신이 원하는 것에서 더욱 멀어지게 한다는 사실을 모른다. 이는 연애를 하는 사람에게서, 특히 번번이 연애가 아수라장 속에서 파탄 나는 사람에게서 많이 볼 수 있다. 예를 들면 정서적으로 건강해 보이는 사람과 연애를 시작해서 대체로 좋은 관계를 유지하다가 어느 날 갑자기 전 남자친구에게 문자를 보내 "네가 예전에 두고 간 걸그룹 CD를 찾았는데 돌려줄까?" 하고 물어보는 것이다. 혹시 그도 나랑 차 한 잔 마시면서 요즘 어떻게 지내는지 얘기해보고 싶은 마음이 있진 않을까? 그러면서 속으로 그게 뭐가 나쁘냐고 되뇐다. 그렇게 생각하자 괜히 현재의 남자친구에게 시비를 걸고 그의 행동을 이것저것 지적하게 된다. 그러다 보면 어느새 남자친구와 멀어지고 결국 이별을 맞는다. 그렇다고 전 남자친구와 잘되는 것도 아니어서 다시 만나고 얼마 안 돼서 그와 내가 왜 헤어졌는지를 새삼 절감한다. 그래놓고는 왜 항상 연애가 이 모양 이 꼴일까 탄식한다.

이것은 말하자면 일부러 전투화를 신고 행복을 비롯해 자신이 진정으로 원하는 것을 모조리 짓밟아버리는 짓과 같다. 그러면서 모든 걸 남 탓으로 돌리거나 자신의 어떤 단점이나 반항적인 성정이 문제라고 생각한다.

우리가 이렇게 자기를 훼손하는 데는 몇 가지 이유가 있다. 그중 하나는 어떤 목표를 이루려면 과감히 행동에 나서야 하지만 그러기가 두렵기 때문이다. 우리의 행동이 항상 소기의 성과를 거두진 못한다. 기껏 행동하고도 목표를 달성하지 못할 수 있다. 실패할 수 있다. 관계가 깨질 수 있다. 사람들에게 싫은 소리를 들을 수 있다. 반대로 성공을 했는데 사람들이 숙덕공론을 하거나 불편해할 수도 있다. 요컨대 결과가 어떻게 되리란 보장이 전혀 없다.

우리는 어떤 행동의 결과가 확실히 보장되기를 간절히 바란다. 다시 말해 확실성에 중독돼 있다(나도 경험자라서 잘 안다). 그렇다고 그런 마음을 버리고 자기 자신과 우주를 신뢰하자니 너무 무서워서 도저히 엄두가 안 난다.

말하자면 '지랄 같은 두 갈래 길' 앞에 선 것과 같다. 지금처럼 계속 자기를 훼손하자니 지랄 같고, 원하는 걸 얻기 위해 변화를 꾀하자니 그것도 지랄 같으면서 무섭다. 이럴 때 우리는 가장 익숙한 길을 택하는 경향이 있다. 지금까지 그랬듯이 계속 자기를 훼손하는 것이다. 사실 우리는 변화를 별로 안 좋아한다. 변화는 무섭다. 반면에 현상을 유지하는 건 어떤 결과가 나올지 뻔히 예상이 되기 때문에 마음 한구석이 편해진다. 물론 그것도 잠시뿐이긴 하지만 말이다.

우리가 자기를 훼손하는 또 다른 이유는 자신을 좋아하지 않기 때문이다. 자신이 형편없는 인간이라고 생각하며 혐오하면 그런 혐오를 뒷받침하는 행동을 하게 마련이다. 자기도 모르는 사이에 계속해서 자신이 좋은 것을 누릴 자격이 없다는 증거를 모은다. 백해무익한 줄 알면서도 계속 전 남자친구에게 돌아가던 레베카가 그랬다. 아마도 그녀는 자신을 그리 좋은 사람이라 생각하지 않았기 때문에 좋은 남자를 선택하는 게 불편하고 이질적으로 느껴졌을 것이다. 자기 자신을 개떡 취급하는 게 몸에 뱄으니 자꾸만 그런 생각을 옳은 것으로 느껴지게 해주는 남자를 선택하는 게 당연했다.

물론 자기혐오 없이 그냥 자기훼손이 나쁜 습관 정도로만 유지되는 경우도 있다. 가장 흔히 볼 수 있는 예가 운동과 식사 습관이다. 몸을 많이 움직이고 좋은 음식을 먹어야 한다는 것을 알고 또 그 방법까지 알기 때문에 헬스장에 등록하고 채소와 착즙기까지 샀다. 하지만 운동은 차일피일 미루고 채소는 냉장고에서 썩어간다. 실행하지 않으면 의욕도 떨어지고 새로운 습관도 생기지 않는 법이다. 그러니까 얼마 안 가서 다시 몸을 안 움직이고 나쁜 음식만 먹는 습관이 되살아나서는 나는 왜 항상 이 모양일까 불평하게 되는 것이다.

자기훼손은 '개떡 같은 기분 행' 편도 항공권

〰〰〰

지금까지 살면서 자기 자신을 훼손했다고 생각되는 때를 한번 떠올려보자. 참고로 우리는 주로 대인관계, 일, 건강과 운동, 돈(그렇다, 돈!)과 관련해 자기훼손을 가장 많이 자행한다.

자신에게 물어보자. '내가 진짜로 피하고 있는 것은 무엇인가?' 리즈의 경우는 다시 누군가를 신뢰하는 것을 피하고 있었다. 이혼으로 상처를 입은 후 사람에 대한 불신이 연애뿐 아니라 교우 관계로까지 번졌다. 그리고 레베카가 전 남자친구에게 문자를 보내는 이유는 현재의 연애에서 진짜 문제를 외면하고 싶은 마음 때문일지 모른다. 전 남자친구와 애정도 없이 잠깐 만나서 불장난을 해봤자 끝이 안 좋다는 걸 뻔히 알면서도, 새로운 관계를 맺을 때 필연적으로 따르는 불확실성을 감당하는 것보다 쉽고 또 자신이 자꾸만 잘못된 남자친구를 고르는 '이유'를 마주하는 고통을 감수하는 것보다 쉽기 때문이다.

자 지금부터 두 가지 목록을 작성해보자.

먼저 자신이 진정으로 원하는 것을 나열해보자. 그렇다고 '테슬라 자동차', '더 많은 돈', '섹시한 남자친구'라고 적진 않았으면 좋겠다. 물론 그런 걸 원할 수도 있다. 하지만 당신이 진정으로 원하는 것은 아마 타인의 인정, 자유, 마음의 평화, 친밀감, 사람과 사람 사이의 정일 것이다. 왜냐하면 우리가 진짜로 원하는 것은 물질적인 게 아니라, 그런 물질적인 것을 얻었을 때 누릴 수 있다고 생각하는 감정이나 경험이기 때문이다. 타인에게 인정받고 싶은 건 지극히 정상적인 욕구다. 그런 욕구가 승진에 대한 욕구로 표출되는 것이다. 건강한 관계에서 친밀감과 정을 느끼고 싶은 것 역시 지극히 정상적인 욕구다. 그리고 당신은 이 모든 것을 마땅히 누릴 자격이 있다.

앞에서 나열한 것들을 얻었을 때 어떤 일이 일어날 것을 두려워하고 있는지 적어보자. 만약 건강한 관계를 원하고 있다면 친밀감에 대한 욕구가 있을 것이다. 한편으로는 그로 인해 자신의 실체, 불완전한 모습과 결점이 드러나는 것을 두려워하고 있을 수 있다. 두려움이 생기는 이유는 누군가에게 거부당한 경험 때문일 수도 있고, 유년기에 생긴 어떤 트라우마가 해소되지 않고 수면으로 올라오기 때문일 수도 있다. 만약 승진을 하고 돈을 더 많이 벌기를 원하고 있다면(이것은 아마도 타인에게 인정을 받고 싶은 욕구와 연결되어 있을 것이다) 그렇게 됐을 때 계속 잘나가는 상태를 유지하지 못할까 봐 두려울 수 있고, 사람들에게 주목을 받는 게 두려울 수도 있다. 두려움을 해소하려면 내가 정확히 무엇을 두려워하는지 분명하게 알아야 한다.

믿을 만한 사람에게 도움을 요청한다

이제 자신의 얘기를 들어줄 자격이 있는 사람에게 도움을 요청할 차례다. 이미 앞에서 많이 강조한 내용이기도 하다. 자, 당신이 '진정으로' 두려워하는 게 무엇인지 파헤쳐봤더니 자신의 실체가 까발려져서 타인에게 거부당하는 거라는 사실이 밝혀졌다고 해보자. 이럴 때 필요한 것은 두려움을 솔직히 털어놓고 그동안 자신이 스스로 자기훼손을 일삼았음을 고백할 수 있는 사람이다.

자기훼손이 우리 삶에서 활개를 칠 수 있는 것은 어디까지나 그것이 우리 마음속의 비밀로 남아 있을 때다. 일단 바깥으로 나와 세상 빛을 보면 자기훼손은 힘을 잃는다. 설사 계속해서 자신을 훼손한다고 할지라도 파괴적인 힘을 발휘하기가 훨씬 어려워진다. 더욱이 이제는 우리가 더 나은 선택을 하도록 애정 어린 눈으로 주시하는 사람까지 생겼으니 그 힘이 쪼그라들 수밖에 없다.

용감한 선택을 한다

내가 장담하는데 앞의 세 가지 기법을 사용했다면 이미 자기훼손 습관을 타파하기 시작한 셈이다. 그 습관의 본질을 파헤치고 자신에게 그런 습관이 있다고 누군가에게 털어놓는 것은 용기가 필요한 일이다. 당신은 이미 그것을 행동으로 옮겼으니 이제 마지막 단계는 별로 무서워할 것도 없다.

하지만 모든 일이 술술 풀리진 않는다는 것도 명심해야 한다. 예를 들어 승진을 포기해버리고 싶은 마음을 꾹 누르고 승진심사에 지원했지만 떨어질 수 있고, 골방에 틀어박혀서 아이스크림이나 퍼먹고 싶은 마음을 꾹 누르고 새로운 친구에게 만나자고 연락을 했지만 그 친구에게 선약이 있을 수 있다.

이럴 때 내면의 비판자는 온갖 증거를 들이밀며 처음부터 가만히 있는 게 나았다고 공격할 수 있다. 애초에 원하는 걸 요청하는게 아니었다고 말이다. 하지만 중요한 것은 예전의 습관 대신 용기를 선택했다는 것이다.

그리고 자기훼손 습관을 타파하려고 노력하는 와중에 자기도 모르게 옛 습관으로 돌아가는 일도 있을 것이다. 이 또한 내면의 비판자가 바라마지 않는 현상이다. 하지만 여기서 중요한 것은 '완성'이 아니라 '발전'이다. 한 번에 한 걸음씩 내디디면 된다. 어떤 습관이든 단칼에 끊어버릴 수 있으리라 기대하지 말고 그때그때 용기 있는 선택을 하며 조금씩 벗어나면 된다.

문득 정신을 차리고 보니 또 자기훼손을 저지르고 있다면 스스로에게 이렇게 물어보자. "나중에 후회 안 할 자신 있어? 겁이 나도 용기 있는 결정을 내릴 수 있었는데 그렇게 하지 않은 걸 후회 안 할 자신 있냐고?" 두려움은 완전히 없애버릴 수 있는 게 아니지만 그걸 돌파하는 것은 가능하다.

사실 자기훼손은 쉽고 빠른 길이다. 때로는 재미까지 느껴진다. 그러나 이 책에서 말하는 습관이 다 그렇듯이 자기훼손으로는 진정으로 원하는 결과를 얻을 수 없다. 그런데도 우리는 자기훼손적인 행동을 너무 많이 하다 보니까 아예 몸에 배어 있다. 자기훼손을 저지르다가 산산이 깨진 자신의 파편을 줍게 되는 경우도 많다.

자기훼손은 개떡 같은 기분으로 가는 편도 항공권이다. 그 덫에 걸리지 말자. 당신은 그런 습관을 타파할 수 있을 만큼 현명하고 아름답고 용감한 사람이다.

어려워도 답해야 할 질문

- 혹시 자기훼손을 하고 있다면 의식적으로 하고 있는가, 무의식적으로 하고 있는가?
- 당신은 마음속 깊은 곳에서 무엇을 두려워하며 자기훼손을 하고 있는가?
- 당신이 진정으로 원하는 것은 무엇인가? 물질적인 것을 얻음으로써 누릴 수 있다고 생각하는 감정이나 경험을 말해보자.
- 어떤 행동을 선택하면 두려움 속에서도 용기를 내서 불완전할지언정 자기훼손과 반대되는 행동을 했다고 할 수 있겠는가?

6장

거짓말 좀 했다고
세상이
무너지진 않아

사기꾼 콤플렉스 버리기

왜 내가 이렇게 유능할 리 없다고 생각하는가

〰〰

혹시 뭔가를 성취하고 5초쯤 뿌듯해하다가 문득 사실은 내가 무능한 사람이라는 게 만천하에 드러날지도 모른다는 생각을 했던 적은 없는가? 아니면 성취를 하고도 핑계를 대고 있진 않은가? 예를 들어 승진을 하고도 '뭐, 위에서 여자를 승진시키라고 압박하니까 내가 얻어걸린 거겠지'라고 생각하진 않는가?

『성공하는 여자들의 은밀한 생각The Secret Thoughts of Successful Women』에서 밸러리 영(Valerie Young)은 이렇게 말한다.

사기꾼 콤플렉스는 지속적으로 자신의 지성이나 기술, 역량 따위가 부족하다는 생각에 시달리는 현상이다. 사기꾼 콤플렉스를 겪는 사람들은 뭔가 성취한 후 칭찬과 인정을 받으면 자신은 그럴 자격이 없고 어디까지나 운이나 연줄 같은 외부적 요인 덕분에 일이 잘됐을 뿐이라고 여긴다.

성공을 온전히 자신의 것으로 받아들이지 못하기 때문에 이들은 과연 앞으로도 계속 성공할 수 있을까 하는 의구심을 떨쳐내지 못한다. 그래서 성공을 할 때마다 기쁨이 아닌 안도감을 느낀다.

내가 이런 얘기를 하면 여기에 공감하는 여자들은 대뜸 "그런 증상을 부르는 이름이 있는 줄도 몰랐어요!"라고 말한다. 사기꾼 콤플렉스는 내면의 비판자가 저지르는 소행 중 하나로 생각보다 흔한 증상이다.

레이철의 얘기를 들어보자.

나는 간호대학을 우수한 성적으로 졸업했다. 하지만 내가 성적이 좋은 것은 정확한 지식도 없으면서 순전히 시험에서 찍기를 잘해서이다. 지금은 응급실에서 일하고 있는데 여기 간호사 중에서 내가 제일 실력이 떨어지는 것 같다. 환자들에게 최선을 다하고 있긴 하지만 자꾸만 동료와 상사들이 날마다 나의 무능함을 확인하고 있을 거라는 생각이 든다. 대학을 졸업한 것은 자랑스럽지만 응급실 간호사로 일하는 것은 자랑스럽게 여기면 안 될 것 같다. 자랑스럽게 여길 만큼 이 일에 대해 잘 아는 건 아니라는 생각 때문이다.

많은 여성이 직장에서 사기꾼이 된 것 같은 느낌을 받는데 사실 직장에만 국한된 현상은 아니다. 여자들은 사적인 관계에서도 자신이 사기를 치고 있다는 느낌을 받는다.

캐런이라는 여성은 이렇게 토로했다.

남자친구와 거의 15년을 만났다. 그가 나를 사랑하고 절대로 헤어질 마음이 없다는 걸 알면서도 언젠가는 정신을 차리고 자기가 도대체 왜 이런 여자를 만나고 있나 싶어서 결별을 선언할 것만 같은 무서운 생각이 든다. 친구들한테서도 네가 얼마나 한심한 인간인지 알지만 널 더 초라하게 만들고 싶지 않아서 친한 척해줬다는 말을 듣게 될 것만 같다.

그런데 여자들은 사기꾼 콤플렉스라는 증상이 존재한다는 것에 놀라고, 다른 여자들도 그런 생각을 한다는 것에 또 놀란다. 여자들이 스스로에게 언어폭력을 자주 가한다는 건 알지만, 다른 여자들도 사기꾼이 된 것 같은 기분으로 살아간다는 사실은 잘 모른다. 그러다 보니 외로움이 한층 깊어진다.

사기꾼 콤플렉스가 생기는 이유

우리는 어느 정도 나이가 들면 마치 퍼즐이 맞춰지듯이 자신의 생각, 습관, 행동이 어디서 비롯됐고 가족에게서 무엇을 물려받았는지 깨닫는다. 아무리 건강한 가정에서 선량한 부모 손에 자랐다 해도 유년기와 청소년기를 상처 없이 지나온 사람은 없다. 우리는 모두 여기저기 멍이 들고 흉터가 지면서 어른이 된다.

당신에게 사기꾼 콤플렉스가 생긴 데는 여러 가지 이유가 있을 수 있다. 부모님이 성적표에 주르륵 늘어선 A보다 몇 개 안 되는 B에 더 신경을 썼다거나, 겸손한 아이로 키우기 위해 일부러 당신이 성취한 일을 무시했을 수 있다. 아니면 철자법 대회에 나가 1회전에서 탈락했는데도 대회에 도전한 것만으로 잘했다고 칭찬을 해서 당신은 자신이 칭찬받을 자격이 없다고 생각했을 수도 있다. 동생이 학교 성적이 별로 안 좋으니까 부모님이 당신에게 칭찬을 아꼈을 수도 있다. 혹은 언니가 '똑똑한 애'로 불리고 당신은 '웃기는 애'로 불린 탓에 죽었다 깨어나도 언니처럼 될 수는 없다는 생각에 시달렸을지도 모른다.

자신을 사기꾼이라고 여기는 증상은 성장 과정에서도 생기지만, 업무 환경의 특성상 자꾸만 자기를 의심하는 경우도 있다. 예를 들어 남자가 대다수를 차지하는 직장에 다니다 보면 여자로서 자기 목소리를 내기 위해 그들보다 두 배는 열심히 노력해야 한다는 생각이 들면서 내가 잘하고 있나 하는 의구심이 들 수 있다. 또는 지금 회사에서 아주 잘나가고 있다면 사람들이 자신을 우러러보면서 공적으로나 사적으로나 큰 기대를 걸고 있는 게 부담스러워 수시로 자신을 점검하게 될 수도 있다.

물론 이 중에 해당 사항이 없을 수도 있다. 그렇다면 당신의 사기꾼 콤플렉스는 여성의 성공과 지성을 폄하하는 우리 문화에서 비롯됐다고 봐도 무방하다. 당신이 아무리 유능하고, 영리하고, 경험 많고, 자격이 충분해도 뿌리 깊은 통념 때문에 여자인 내가 그럴 리 없다고 생각하는 것이다. 여자가 그렇게 유능하고 영리할 리 없다고 믿기 때문에 자신을 인정하고 신뢰하는 게 불가능할 수 있다.

요컨대 사기꾼 콤플렉스가 생긴 것은 당신 잘못이 아니다. 하지만 그런 생각을 바꾸는 것은 당신의 몫이다. 그것은 남이 아닌 당신의 습관적 생각이기 때문이다! 당신이 마음만 먹으면 당신이 사기꾼이라는 생각을 분명히 뜯어고칠 수 있다.

실수 좀 했다고 세상이
무너지진 않아

〰〰〰

　우리의 기분을 개떡같이 만드는 사기꾼 콤플렉스는 내면의 비판자와도 깊은 관련이 있다. 그래서 사기꾼 콤플렉스에 시동이 걸리면 내면의 대화가 훨씬 또렷하게 들린다. 사기꾼 콤플렉스에 대한 설명을 읽으면서 '그래, 바로 내 얘기야!'라고 생각했다면 이미 싸움의 상대를 파악한 셈이다.

　사기꾼 콤플렉스라는 몹쓸 증상의 존재를 알았다면 이제 사소해 보이지만 어마어마한 효과를 발휘하는 기법들을 통해 그 손아귀에서 빠져나올 차례다. 그중 하나만 실천해도 변화가 느껴질 것이다. 그리고 그 모든 기법을 실천하면 엄청난 변화를 맛보게 될 것이다.

인정할 건 인정하자

우선 잠깐 시간을 내서 내가 진짜 사기꾼이라고 생각해보자. 내가 정말로 업무에 대해 쥐뿔도 모르면서 모든 사람을 속이고 있는 파렴치한이라고 말해보자.

이건 절대로 쉬운 일이 아니다. 차라리 영국 여왕의 모자 컬렉션을 싹쓸이하는 게 더 쉬울 만큼 굉장한 공력이 필요한 일이다. 그도 그럴 것이 모든 사람을 등신 취급해야 하기 때문이다. 그들이 어지간히 덜떨어진 인간이 아니고서야 당신처럼 무능한 인간이 능력자 행세를 하는데도 알아차리지 못하고 여태 방치하고 있는 게 가당키나 한 일인가.

그러니 당신이 성취한 것 중 최소한 일부라도 인정할 수 있었으면 좋겠다. 사람들이 당신에게 완벽히 속아 넘어갈 만큼 어리석지 않다는 걸 인정하면 당신이 실력과 전문성을 갖춘 사람이라는 사실을 깨닫게 될 것이다. 왜냐하면 실제로 당신은 그런 사람이기 때문이다!

잘한 것은 확실하게 어필한다

다음으로 말을 조심하자. 아니, 상스러운 말을 하지 말란 게 아니다(나도 그런 말 좋아한다). 내 말은 자신의 경험, 능력, 성공에 대해 말할 때 쓰는 어휘에 주의를 기울이란 소리다. 혹시 그럴 때 '그냥', '어쩌다', '순전히', '겨우' 같은 말을 쓰진 않는가? 그런 말을 쓰면 다른 사람들에게 내 경험, 능력, 성공은 사실 변변찮아요, 라고 말하면서 자신을 깎아내리는 것밖에 안 된다. 하지만 말을 조심하는 것처럼 간단한 기법만으로도 이런 습관은 크게 개선될 수 있다. 다른 사람들에게 나 자신에 대해 어떤 식으로 말하느냐는 그들이 아니라 나에게 중요한 문제다. 그렇다고 자아도취 환자가 되어 자랑질을 일삼고 다니라거나 남의 공도 내 공으로 가로채라는 말이 아니다. 내 말은 "어쩌다 보니까 새로운 수익 창출법을 만들었는데, 그것 때문인진 몰라도 올해 우리 회사 수익이 43퍼센트쯤 올랐어요" 같은 말을 조심하라는 뜻이다. 이러면 안 된다. '어쩌다'라는 말을 넣으면 삼척동자도 할 수 있다는 소리로 들린다. 이렇게 바꿔 말해 보자. "내가 새로운 수익 창출법을 만든 덕분에 올해 우리 회사 수익이 43퍼센트 올랐어요." 여기에 "어때요, 내 실력이?"라고 덧붙이면 금상첨화다.

내가 이룬 것을 다른 사람들 앞에서 확실히 내 것으로 '인정'하자. 그러면 내면의 비판자는 정신줄을 놓고 적색경보를 발령하며 "사람이 겸손해야지, 그렇게 허세를 부리면 못써!" 같은 말을 날릴지도 모른다. 그렇다면 좋은 일이다! 당신이 내면의 비판자가 떠드는 소리를 듣는 요령을 터득하기 시작했고, 지난 수십 년간 고수해온 생각, 신념, 패턴을 변화시키는 데 한 걸음 더 다가섰다는 신호니까 말이다. 내면의 비판자가 하는 말을 들으면 그런 말을 해줘서 고맙다고 인사하고 넘어가자. 굳이 자신을 저평가하고 초라하게 만드는 말을 쓰지 말자. 당신은 당신이 수고한 것과 성취한 것을, 그리고 당신의 존재 자체를 당당히 내세울 자격이 있다. 그럴 때 비로소 당신의 저력이 발휘된다!

긍정적인 피드백을 수용한다

이 단계는 좀 힘들 수 있다. 아마도 당신은 긍정적인 피드백을 받으면 다른 사람이 도와준 덕분이라고 생각하든가(실제로는 아주 작은 도움만 받았을 뿐이라 해도), 예전에 저지른 실수를 떠올리며 한 귀로 흘려버릴 것이다. 그러고는 다시 내가 사기꾼이라는 게 언제쯤 들통이 날까 걱정한다.

긍정적인 피드백과 관련해 다음의 두 가지를 생각해봤으면 좋겠다.

1. 긍정적인 피드백을 받으면 개가 풀 뜯어 먹는 소리가 아니라 상대방이 당신에 대해서나 당신의 공로에 대해서 진심으로 그렇게 생각해서 하는 말이라고 생각하자.

  나는 당신이 긍정적인 피드백을 받았을 때 일단 좀 멈췄으면 좋겠다. 일단 멈추는 것은 우리의 본능이 기분을 개떡같이 만드는 언행을 하려는 순간 빛을 발하는 대응법이다. 악을 쓰며 발버둥 치는 내면의 비판자와 시원하게 한판 맞붙는 것일 수도 있다. 긍정적인 피드백이 불편하더라도 좀 참아야 한다. 긍정적인 피드백을

액면 그대로 받아들이자. 뭘 몰라서 하는 소리라거나 허튼소리로
치부하지 말고 객관적으로 보자.

2. 칭찬을 귀담아듣고 그것을 상대방이 주는 선물로 받아들이자.

만약 그 사람이 실물로 된 선물을 줬다면, 그러니까 신중하게 골라
서 리본으로 포장하고 손편지까지 동봉한 선물을 줬다면 뜯어보
지도 않고 냅다 집어던질 것인가? 선물을 그 사람 앞에 툭 던져놓
고 획 돌아설 것인가? 아니다. 당신은 그렇게 나쁜 년이 아니니까.
그런데 왜 어떤 사람이 고마워하거나 칭찬하거나 인정하는 말을
건네면 그렇게 반응하려고 하는가? 왜 다른 사람들은 그런 선물을
받아도 되는데 당신은 안 된다고 생각하는가? 당신은 그런 선물을
받을 자격이 충분히 있다! 실제로 그럴 만한 일을 했다. 주위 사람
들이 당신에게 고맙다고, 잘했다고 말하면 진심으로 받아들이자.

사기꾼 콤플렉스로 인해 내면의 폭풍이 몰아치는 이유 중 하나
는 완벽주의 때문이다. 완벽하지 않으니까 결국에는 비판을 받고
거부당할 거라고 생각하는 것이다.

그래서 완벽한 전문가가 되는 것이야말로 사기꾼 콤플렉스의
유일한 해법으로 보인다. '내가 모든 걸 알고, 모든 걸 완벽히 수행
하고, 절대 실수하지 않는다면 사람들이 나를 사기꾼으로 볼 이유
가 없겠지!'

이런 생각에는 명백한 문제가 있다. 세상에 모든 걸 아는 사람, 완벽한 사람은 없기 때문이다. 이런 말을 이번에 처음 들어봤을 리는 없겠고 지금까지 수백 번은 더 들었을 텐데도 당신은 여전히 마음속 깊은 곳에서 절대 충족시킬 수 없는 기준을 고수하려 한다.

간단히 말하겠다. 세상에는 언제나 당신이 모르는 게 존재한다. 아무리 많은 학위와 자격증을 따고 아무리 많은 상을 받는다 해도 마찬가지다. 아무리 많은 연습과 훈련을 하고 아무리 많은 경험과 지식을 쌓아도 세상에는 여전히 당신이 모르는 것이 존재한다. 그리고 당신은 여전히 실수를 저지를 것이다(나는 부디 당신이 실수를 저지르기를 바란다. 우리는 모든 일을 척척 처리할 때가 아니라 실수를 저지를 때 뭔가를 배울 수 있기 때문이다). 당신이 마지막 숨을 거둘 때까지도 세상은 당신이 모르는 것투성이일 것이다.

실수를 저지른다고 사기꾼이 되진 않는다. 잘못 아는 게 있다고 사기꾼이 되진 않는다. 완벽하지 않다고 사기꾼이 되진 않는다. 인간인 이상 당연한 일이다. 우리는 모두 최선을 다해 인생을 헤쳐나가지만 가끔은 잘못하는 일도 있기 마련이다. 더 나은 사람이 되기 위해서, 더 큰 행복을 누리기 위해서 이 책을 읽고 있다는 것만으로도 당신은 아주 훌륭한 사람이다!

내 안에는 생각보다
괜찮은 내가 있다

〰〰〰

평소에 같이 지내는 사람들의 명단을 작성해보자. 종이나 일기장을 꺼내서 이름을 적고 그들과 같이 있을 때 어떤 기분이 드는지 잠깐 생각한 후 적어보자. 혹시 나의 기분은 전적으로 내 책임이고 어떤 사람 때문에 기분이 나빠졌다면 그건 그 사람이 아니라 내 잘못이라는 말을 들어봤는지 모르겠다. 보통은 그 말이 사실이지만 개중에는 같이 있으면 괜히 자존감이 떨어지고 똥 씹은 기분이 되는 사람도 있다. 매사에 비판적인 부모가 그렇고, 회사에서 자기보다 못 나가는 사람들하고만 어울리려는 동료가 그렇다. 당신이 불만 접수처라도 되는 양 신세 한탄을 늘어놓는 친구도 마찬가지다. 그런 친구와 만나고 돌아서면 뒷맛이 개운할 리 없다.

이런 사람들과 지내다 보면 왠지 불행한 기분이 들고 상처 입은 자존감이 연주하는 슬픈 곡조가 귓전을 울리면서 시도 때도 없이 자신이 사기꾼으로 느껴진다.

주변의 기운은 우리의 감정에 어마어마한 영향을 미친다. 사방에 부정적인 기운이 가득한데 자신이 괜찮은 사람이라고 느끼려면 악전고투를 벌여야만 한다. 현재의 주변 환경을 생각하며 종이에 다음의 질문에 대한 답을 적어보자.

* 어느 선까지 나를 좀 풀어줘도 좋을까?
* 어디까지 경계선을 그어야 할까?
* 어떤 방면에서 각 사람과 보내는 시간을 줄여야 할까?

답을 다 적었으면 지금 가장 필요하다 싶은 곳에서 행동을 개시하자.

기대치와 업적을 파악한다

당신은 지금껏 살아오면서 자신에 대해 이런저런 기대치를 설정했을 것이고 그중에는 당신이 아는 것도 있고 아직 자각하지 못한 것도 있을 것이다. 그리고 당신은 자신이 성취한 것을 온전히 자신의 공로로 인정하지 않고 있을 것이다. 그런 당신에게 도움이 될 만한 기법을 준비했다. 편하게 앉아서 다음의 안내대로 해보자.

1. 스스로에게 이렇게 물어보자. "나에게 무엇을 기대하는가?" 인생

의 각 영역에서 나 자신에게 기대하는 바를 솔직하게 써보자. 그러고 나서 소리 내어 읽어보자. 아마도 기대치가 너무 높아서 도저히 달성할 방법이 없을 것이다. 어쩌면 당신은 당신보다 경험이 많거나 많은 훈련을 받은 사람을 보고 그 사람만큼은 해야 한다고 생각하고 있을 수도 있다. 또는 순전히 자기 마음대로 만든 엉터리 기준에 비춰 나는 어떤 사람이 돼야 하고 무엇을 해야 한다고 터무니없는 생각을 하고 있을 수도 있다. 설령 기적적으로 그런 기대를 충족시킨다 해도(그러자면 거의 죽을 고비를 넘겨야 할 테지만) 그것을 자축하기는커녕 어떻게 하면 더 잘할 수 있었을지 궁리하거나 바로 다른 일로 넘어가 버리기 일쑤일 것이다.

기대치가 너무 높으니까 충족시키지 못할 수밖에 없고, 그러니까 나는 글러 먹었다고 생각하며 사람들이 내 실체를 알게 되면 어쩌나 걱정할 수밖에 없다. 기대치를 과하게 잡으면 절대로 승리할 수 없다. 그건 무조건 패배하는 싸움을 시작하는 것과 같다. 이렇게 말하면 '기대치를 낮추면 안일해지잖아. 나보고 지금 게으름뱅이가 되라는 거야?'라고 생각할지도 모르겠다. 그런데 자매님, 꼭 그렇게 극단적으로 생각할 필요가 없다. 지금 내 말은 "에라, 모르겠다!"라며 모든 서류를 허공에 날려버리고 모든 일에서 손을 떼라는 소리가 아니다. 그 중간 어디쯤에 기대치를 설정하자는 것이다.

2. 다음으로 스스로가 왜 사기꾼처럼 느껴지는지 이유를 확실히 파악

하자. 종이에 "내가 사기꾼처럼 느껴지는 이유는 ＿＿때문이다"라고 적어보자. 경험이나 자격이 부족하다고 생각하기 때문일 수도 있고, 아직 신입이어서 그럴 수도 있다. 어쩌면 위의 빈칸에 간단히 "내가 아직 모자라기" 때문이라고 썼을지도 모르겠다.

기대치를 낮추는 것은 예를 들면 석사 학위 말고 학사 학위로도 충분하다고 생각하거나, 또 부서에서 유일한 여성이어도 괜찮다고, 굳이 몸무게를 5킬로 빼지 않아도 친구들이 지금 그대로의 나를 좋아한다고 생각하는 것이다. 너무 높게 설정된 기대치를 낮추기 위해서는 머릿속에서 만들어내는 얼토당토않은 얘기를 자각하고 반기를 들어야 한다. 당신이 새롭게 설정한 기대치를 쉽사리 수용하리란 보장은 없지만 중요한 것은 그러기 위해 노력하는 것이다.

3. 자신이 성취한 일을 똑똑히 파악하고 분석해보자. 아마도 성취 목록을 작성하고 소리 내어 읽자면 '내가 대학에 들어간 건 선발 방식에 빈틈이 있었기 때문이야'라거나 '내가 쌍둥이를 낳긴 했지만 세상에 그런 여자가 어디 한둘이야?'라는 생각이 들 것이다. 성취가 운이나 우연 덕분이라고 핑계를 대고 싶을 때마다 다음과 같이 말했으면 좋겠다.

* 내가 대학에 들어간 건 그럴 자격이 있었기 때문이다.
* 내가 승진한 건 우리 부서에서 경험과 지식이 가장 많은 사람이기

때문이다.

* 내가 쌍둥이를 낳은 건 내가 잘났기 때문이다.

사기꾼 콤플렉스는 당신을 초라한 자아상 속에 가둬버린다. 하지만 당신 안에는 더 크고 더 나은 사람이 될 저력이 있다. 그러니 자신의 능력을 인정하는 게 나쁜 짓이라는 케케묵은 생각을 내다버리자. 그건 얼토당토않은 생각이다. 이제 당신은 그런 생각에 휘둘리지 않을 만큼 성장했다!

 어려워도 답해야 할 질문

- 당신에게 사기꾼 콤플렉스가 있다면 어떤 은밀한 생각때문인 것 같은가? 다시 말해 내면의 비판자가 구체적으로 어떤 면에서 당신을 사기꾼이라고 말하고 있는가?
- 자신이 사기꾼이라는 느낌이 어디서 비롯된 것 같은가?
- 자신에 대한 기대치를 너무 높게 설정하진 않았는가? 그렇다면 어떤 방면에서 기대치를 좀 낮출 수 있겠는가?
- 자신이 성취한 것을 온전히 자기 것으로 인정할 수 있겠는가? 지금까지 인정하지 않으려 했지만 이제라도 인정하고 자부심을 가질 만한 것은 무엇인가?

7장

개소리 따윈
웃으면서 넘겨 버려

남의 비위 맞추지 않기

착한 아이로 살아가면
결국 나쁜 아이가 된다

〰〰

이제부터 남의 비위를 맞추는 것에 대해 얘기를 해볼까 하는데 혹시 괜찮으시려나요? 아니면 그냥 다른 얘기를 할까요? 죄송한데, 저기, 그러니까…… 다시 정리를 좀 해보고 말씀드릴게요……. 어떤가?

남의 비위를 맞추려 하는 사람들은 대부분 무지하게 착한 사람들이다. 그들은 주변 사람들이 모두 행복하기를 바라기 때문에 남들을 위해 각종 계획을 짜고, 부탁을 들어주고, 온갖 것을 챙기느라 몸이 열 개라도 모자라다.

남의 비위를 잘 맞추는 사람들의 대표적인 습관은 속으로는 싫으면서도 "예"라고 말하는 것이다. 싫다고 말했다가 거부를 당하고 미움을 살까 봐 걱정하기 때문이다.

이런 사람들은 자신의 감정을 솔직히 말하느니 거짓말을 하는 쪽을 택한다. 상대방이 원하는 것을 얻고 흡족해하면 자기가 해야할 일을 다 했다고 생각한다.

어쩌면 지금쯤 당신은 당신의 수고를 받을 자격이 없는 사람을 위해 수고하기를 거부하고, 남에게 알랑방귀를 뀔 생각만 해도 구역질이 나는 단계에 이르렀을지도 모른다. 그래서 이제 자신이 남의 비위나 맞춰주는 사람은 아니라고 생각한다면 좋은 일이다. 하지만 그간 많은 사람과 대화를 나누고 많은 여성을 도와주면서 알게 된 사실이 있는데, 남의 비위를 맞추는 짓은 안 한다고 생각하는 사람이라도 다른 사람의 인정을 구하는 경우는 많다.

말하자면 남의 인정을 구하는 사람이 모두 남의 비위를 맞추는 사람은 아니지만, 남의 비위를 맞추는 사람은 대부분 남의 인정을 구하는 사람이다. 나는 '남의 비위를 맞추는 것'과 '남의 인정을 구하는 것'을 한 묶음으로 본다. 둘 사이에 겹치는 부분이 많기 때문이다.

남의 인정을 구하는 것은 자신의 일거수일투족을 남의 눈으로 평가하는 것이다. 남의 인정을 구하는 사람들은 아무도 보는 사람이 없고 아무도 신경을 쓰지 않는다고 해도 항상 남들이 어떻게 생각할까 걱정한다. 그래서 자신감과 자존감은 물론이고 그때그때의 기분마저도 남들이 자신을 이러저러하게 생각할 거라는 판단에 좌우된다. 그런데 남들이 우리를 어떻게 생각하는지는 확실히 알 수가 없다. 그래서 상상의 나래를 펼친다. 그러다 보니 항상 불확실성 속에서 살게 되고, 그러면 남의 비위를 맞추는 행동을 할 수밖에 없다. 왜냐하면 다른 사람을 만족시킬 수 있어야 인정을 받을 확률이 높아지기 때문이다.

29세의 금융 애널리스트 알리샤는 말한다.

나는 내 삶의 모든 영역에서 남들의 인정을 갈구한다. 별것 아닌 일도 예민하게 받아들이고 내가 남들 눈에 완벽해 보이지 않는다고 생각해서 상처를 받는다. 남들의 판단이 곧 내 판단이 되는 것이다. 남들이 어떻게 생각하고 무슨 말을 하느냐와 상관없이 나 자신과 내가 성취한 일에 자부심을 느끼고 싶지만 뜻대로 안 된다.

부모의 기대에 부응하려는 심리

당신도 다른 사람들처럼 '착한 아이'가 돼야 한다는 말을 들으며 자랐을 것이다. 나도 부모니까 세상에 아이를 진상으로 키우려고 하는 사람은 없다고 확실히 말할 수 있다. 부모라면 누구나 자기 자식이 사람들에게 친절하고 싹싹하기를 바란다. 그래서인지 우리는 어릴 때부터 자기 의견을 너무 고집해선 안 된다고, 남들을 불쾌하게 만들어선 안 된다고, 자신이 아끼는 사람들을 행복하게 해줘야 한다고 배운다. 그러다 보니 남들의 호감을 사려 하고, 남들의 비위를 맞추려 하고, 남들의 인정을 받으려 한다.

이런 행동의 시발점을 유년기라고 콕 집어 말하는 사람들도 있다. 그들은 어릴 때부터 무슨 행동을 하든 부모님이 좋아하는지 안 하는지 눈치를 봤다고 토로한다. 두 아이의 엄마인 34세의 제시카도 그중 한 명이다.

나는 어릴 때부터 어머니의 기대를 충족시키기 위해 부단히 노력했다. 정말 젖 먹던 힘까지 짜내서 노력하다 보면 어쩌다 한 번씩 어머니의 인정을 받을 수 있었다. 지금도 날마다 어머니에게 전화를 걸어서 그날 있었던 일을 말하고 어머니가 잘했다거나 현명한 선택을 했다고 말해 주기를 기다린다. 요즘 나는 이직을 앞두고 중대한 선택의 기로에 서 있다. 지금 생각 중인 회사로 옮기면 연봉이 크게 줄어든다. 그런데 어머니는 내가 벌이가 좋지 않으면 더는 당신의 인생에서 '자랑스러운 업적'으로 남지 않을 것이라고 한다.

당신도 성장기에 부모님이나 멘토로부터 당신에게 거는 기대를 아주 진지하게 들었을 수도 있다. 아니면 농담조로 넌지시 들었을 수도 있고. 어느 쪽이든 간에 어린 시절을 돌아보면 남의 비위를 맞추고 인정을 구하는 태도가 어디서 비롯됐는지 보일 것이다. 그렇다고 이제 와서 그분들을 손가락질하고 원망하라는 말은 아니다. 다만 거기서 비롯된 사고 패턴을 발견하고 누군가의 비위를 맞춰야만 호감, 사랑, 인정을 받을 수 있다는 생각을 극복할 필요가 있다는 말이다.

타인의 감정까지
내가 어떻게 할 순 없잖아

〰〰

　당신이 일평생 남의 비위를 맞추고 인정을 구하며 살아왔다고 해서 그런 습관을 바꾸지 못할 이유는 없다. 이 책을 읽고 있는 당신은 영민하고 유능하고 훌륭한 사람이다. 그래서 나는 당신이 행복해지는 습관을 만들 수 있다고 믿어 의심치 않는다.

　자, 그럼 한번 시작해볼까?

　우리가 싫은 건 싫다고 말하려고 할 때 가장 큰 걸림돌이 뭔지 얘기해보자.

　많은 여성이 싫어도 싫다고 말하지 못하는 이유는 상대방이 어떻게 생각할까 걱정하기 때문이다. 혹시 저 사람이 화를 내진 않을까? 혹시 상처를 받진 않을까? 혹시 나를 싫어하면 어쩌지? 혹시 나를 나쁜 년이라고 생각하면? 머릿속에 오만 생각이 다 들면서 겁이 나니까 '혹시……?'의 덫을 피하려고 그냥 "예"라고 말해 버린다.

이런 문제를 해결하는 방법은 나를 상담해준 선생님이 1,473번 이나 말해준 것인데, 타인의 감정은 내 소관이 아님을 깨닫는 것이다. 나 스스로 부끄럽지 않게 행동했다면 타인의 감정은 그 사람 소관이고 어차피 우리가 그것을 좌지우지할 방법도 없다.

나도 남들이 나 때문에 불쾌해지는 게 싫다. 이 책의 소중한 독자인 당신이 불쾌해하는 것도 싫다. 더욱이 우리는 아직 실제로 만난 적도 없지 않은가. 나는 내가 아끼는 사람들이 나를 좋아했으면 좋겠고 행복했으면 좋겠고 절대로 내가 한 일 때문에 열받지 않았으면 좋겠다. 하지만 타인의 감정에 대한 책임감을 놓아버렸을 때 나는 크나큰 자유, 마음의 평화를 느낄 수 있었다.

당신도 분명히 그런 자유, 마음의 평화를 누릴 수 있다. 내 친구 에이미의 얘기를 해볼까 한다. 에이미는 매우 보수적인 기독교 집안에서 자랐다. 부모님이 두 분 다 선교사였고 어린 시절 모든 것의 중심에 종교가 있었다. 에이미가 성인이 되어 집안의 신앙에 의구심을 품자 가족들은 탐탁잖게 여겼다. 에이미는 새로운 신앙에 대해 부모님의 인정을 받을 필요가 없다는 확신을 갖기 위해 부단히 노력해야 했다.

어느 날 어머니가 에이미에게 종교를 바꾼 것에 실망했다는 말을 꺼냈다. 어머니는 모녀가 똑같이 신앙생활을 하는 게 중요하다고 여겼기 때문에 실망한 것 같았다. 어쩌면 속으로 부모 노릇을 제대로 못 했다고 한탄하고 있을지도 몰랐다. 하지만 어머니로서 그런 감정을 느낄 수 있다 해도 에이미와는 전혀 '무관한' 일이었다. 어머니의 감정은 어머니의 감정일 뿐이다. 에이미가 어릴 때와 똑같은 신앙을 유지하는 것은 어디까지나 어머니의 바람이었다. 만일 에이미가 어머니의 감정을 책임지려고 했다면 예전과 같이 신앙을 갖고 있는 척하면서 어머니와 같이 교회에 나갔을 것이다. 그게 바로 남의 비위를 맞추고 인정을 구하는 행위다.

어머니가 실망했다는 말을 듣고 에이미는 이렇게 대답했다.

"엄마, 나는 엄마가 꼭 내 신앙을 인정해주지 않아도 되고 나를 인정해주지 않아도 돼요. 왜냐하면 내가 나를 인정하니까요."

어머니는 십중팔구 상처를 받았을 것이다. 하지만 에이미는 고래고래 소리를 지르지도 않았고, 어머니가 기존의 신앙을 유지하는 것을 '잘못됐다'고 지적하지도 않았다. 괜히 화제를 돌리지도 않았다. 다정하고 공손하게 자기 입장을 말했을 뿐이다. 왜냐하면 어머니의 감정은 에이미의 소관이 아니었기 때문이다.

에이미의 말을 들어보자.

남의 비위를 맞추는 습관을 끊기 시작한 후로 내가 괜한 죄책감을 느끼면 바로 알아차릴 수 있게 됐다. 그래서 죄책감이나 의무감에서 "예"라고 말하는 일이 없다. 이제 나는 내가 처한 상황에서 무엇이 내 책임인지 알 수 있고, 설사 어머니가(혹은 누가 됐든 간에) 못마땅하게 여기더라도 당당히 나를 위한 선택을 할 수 있다. 소중한 사람과 의견 차이가 생기는 게 유쾌할 리는 없지만 나는 그런 것을 감수하고라도 자부심과 자신감을 누리는 것을 중요하게 여긴다. 그럴 때 내가 원하는 것, 내가 느끼는 것, 내가 믿는 것이 중요하다는 메시지가 나 자신에게 전달된다.

물론 당신은 절대 에이미처럼 할 수 없다고, 엄마에게든 누구에게든 그런 식으로 말할 수는 없다고 생각할 수도 있다. 사실 에이미도 하루아침에 자기 자신을 인정하고 어머니에게 솔직한 심정을 말할 수 있는 용기가 생기진 않았다. 그렇게 되기까지 수년의 세월이 걸렸다. 하지만 결국에는 언젠가 꼭 짚고 넘어가야 할 얘기가 나왔을 때 자기가 할 말을 정확히 할 수 있었다. 지금 당장 에이미처럼 하기가 곤란하다면 다른 곳에서부터 시작해도 좋다. 일단 사소한 데서부터라도 시작해보자. 그래야 당신이 행복해질 수 있다.

매사를 너무 예민하게 받아들이지 말자

남의 비위를 맞추고 인정을 구하는 사람들은 매사를 예민하게 받아들이는 경향이 있다. 이들은 학부모 모임에서 다른 엄마가 묘한 표정을 지었을 때, 배우자가 좀 쌀쌀맞게 말했을 때, 상사가 사소한 것을 지적했을 때 '저 사람이 나한테 화가 났나? 나를 싫어하나? 내가 뭘 잘못했지?'라고 생각한다. 당신도 '매사를 너무 예민하게 받아들이지 말라'는 조언을 들어봤을지 모르겠다. SNS를 돌아다니다 보면 많이 볼 수 있는 말이다. 그런 말을 들으면 귀가 솔깃해지지 않던가? 후유! 그렇게만 하면 남의 비위를 맞추고 인정을 구하는 습관을 쉽게 끊을 수 있겠네?

이 말에 담긴 뜻은 남들의 말과 행동을 너무 예민하게 받아들이면 피해의식에 젖어 남들의 인정을 받으려고 인생을 허비하기 십상이라는 것이다. 그런데 이런 조언을 흑백논리로 받아들이는 사람도 있다. 말하자면 모든 것을 가볍게 여기면서 자신만만하고 무사태평하게 살거나 모든 것을 예민하게 받아들여서 지옥 같은 삶을 사는 것 중에 하나만 선택할 수 있다고 생각하는 것이다.

모든 것을 너무 예민하게 받아들이지 말라는 가벼운 조언을 듣고 나서 또다시 이런저런 일을 예민하게 받아들이는 자신을 깨닫게 되면 난 글러 먹었다고 생각하며 자기 탓을 한다. 모든 책임을 타인에게 전가하라는 말은 아니지만 이렇게 이분법적으로 보면 자책에 빠지기 싶다.

이 조언을 잘못 해석해서 다른 사람들이 마음대로 말하고 행동하도록 내버려 두고는 돌아서서 모든 잘못을 자신에게 돌린다면 곤란하다.

상처에 소금을 뿌리는 말과 행동을 그냥 넘겨버리는 건 이상주의에 불과하다. 누가 나를 모욕하거나 못살게 구는데 '흥. 이 몹쓸 인간 같으니라고! 이건 나와 아무 상관이 없어. 나는 그냥 계속 미소를 지으면서 다 잊어버리고 내 할 일을 할 거야'라고 생각하는 게 과연 가능할까?

세상에 그럴 수 있는 사람은 없다. 무슨 좋은 약이라도 빠는 사람이라면 모를까. 아, 물론 그런 사람들이 있긴 있다. 영성이 고도로 발달해서 이 세상의 일에 집착하지 않고 자나 깨나 수련에 정진하는 사람들 말이다.

『네 가지 약속The Four Agreements』의 저자 돈 미겔 루이스(Don Miguel Ruiz)는 매사를 예민하게 받아들이는 것에 대해 이렇게 썼다.

우리가 매사를 예민하게 받아들이는 것은 그게 습관이 됐기 때문이다. 매사를 예민하게 받아들이지 말라는 말은 아무 반응을 보이지 않거나 아무 대응도 하지 말라는 뜻이 아니다. 단, 대응을 할 때는 명료한 정신으로 해야 한다. 즉 자신이 원하는 게 무엇인지 정확히 알아야 한다. 매사를 예민하게 받아들이다 보면 감정에 휘둘려서 원치 않는 행동과 말을 하게 된다. 정신이 명료하면 올바른 선택을 하기가 한결 쉬워진다.

나는 이 글귀를 좋아한다. 우리가 이것저것을 예민하게 받아들이는 이유는 인간이고 루이스의 말마따나 습관이 됐기 때문이다. 그렇다고 그 습관이 우리를 파괴하도록 내버려 둬선 안 된다. 그 습관 때문에 머릿속에서 얼토당토않은 얘기들이 만들어지게 놔

뒤선 안 된다. 계속해서 매사를 예민하게 받아들인다면 그 내면의 비판자에게 땔감을 공급하는 것과 다를 바 없다.

남의 비위를 맞추고 인정을 구하는 사람은 반드시 자신에게 어떤 문제가 있는지 알아야 한다. 안 그러면 매사를 예민하게 받아들이는 습관을 타파하겠답시고 남의 인정을 받기 위해 영혼까지 내어주려고 하는 사태가 빚어질 수 있다. 이런 악순환은 자신이 해결해야 할 문제가 무엇인지 알 때 비로소 끝이 난다.

예를 들어 당신은 문자나 메일을 보내거나 전화를 걸었을 때 상대방이 바로 응답해야만 직성이 풀리는 사람일 수 있다. 바로 응답이 오지 않으면 상대방이 화가 난 거라고 생각하며 자기가 무엇을 잘못했는지 심각하게 고민하다가 결국에는 그 사람에게 화가 날 것이다.

물론 사람이 연락을 했으면 답을 하는 게 예의긴 하다. 하지만 여기서 내가 하고 싶은 말은 자신이 평소에 민감하게 여기는 게 무엇인지 파악하자는 것이다. 그렇다고 민감한 게 무조건 나쁘다는 소리는 아니다. 사실 많은 사람이 세심함을 좀 기를 필요가 있다. 중요한 것은 어떤 때 자기 안의 도화선에 급속도로 불이 붙는지 확인하는 것이다.

기분 나쁠 땐
"선 넘으셨어요"라고 말하자

〰〰〰

    개떡 같은 기분을 끊어버리는 법을 얘기하면서 어떻게 경계선에 대한 얘기를 안 할 수가 있을까? 경계선이라는 말을 꺼내면 많은 사람이 혼란스러워하고 겁을 먹는다. 우리 여자들은 경계선을 그으면 사람들이 자기를 싫어할 거라고 생각하는 경향이 있다. 아무래도 오해가 좀 있어서 그런 것 같다. 경계선을 긋는 것은 '막돼먹은 인간들이나 하는 짓'이라는 오명을 쓰고 있지만, 실제로 경계선을 긋는 사람들을 보면 대부분이 누구보다 친절하고 행복하게 사는 이들이다.

    경계선을 긋는 것은 사납게 대립하거나 설전을 벌이는 게 아니다. 최후통첩이나 협박을 날리는 것도 아니다. 경계선이란 간단히 말해 내가 받아들일 수 있는 것과 받아들일 수 없는 것을 구별하는 선이다. 말하자면 인생의 규칙, 지침과 비슷하다고 할 수 있다.

물론 그런 선을 긋는 것을 내가 더는 호구가 아니라고 천명하는 일이라고 생각할 수도 있다. 어떻게 생각하든 간에 정말로 중요한 것은 그런 선이 있다는 사실을 상대방에게 어떻게 전달하느냐다. 여기에 대해서는 잠시 후에 설명하겠다.

경계선 긋기가 무엇인지 보여주기 위해 내 경험담을 얘기해볼까 한다. 예전에 같은 업계 여성이 내게 뭔가를 부탁했다. 그녀는 전에도 내게 똑같은 부탁을 한 적이 있었다. 처음 부탁을 받았을 때부터 마음이 편치 않았다. 그래서 이러저러한 이유로 안 되겠다고 거절했다. 두 번째로 부탁을 받았을 때도 거절해야 한다는 직감이 들었지만 머릿속으로는 '또 거절하면 날 나쁜 년이라고 생각할 거야'라는 생각이 들었다. 하지만 거절해야 할 타당한 이유가 몇 가지 있었고 무엇보다도 내 직감이 거절해야 한다고 말하고 있었다.

나는 나 자신에게 물어봤다. 혹시 내가 지금 독선적으로 생각하고 있는 건가? 아니다. 내가 지금 게으름을 피우고 있는 건가? 아니다. 내가 수락할 일이 아니라는 느낌이 강하게 들었다.

컴퓨터 앞에 앉아서 어떻게 답을 해야 할지 고민하고 있자니 그녀가 상처받지 않도록 적당히 둘러댈 핑계(한마디로 거짓말)가 생각났다. 나는 그녀를 불쾌하게 만들고 싶지 않았다. 그녀가 계속 나를 좋아해 주길 바랐다. 괜히 척을 지고 싶지 않았다.

그렇지만 결국에는 아무 해명 없이 거절하는 메일을 보냈다. 결코 쉽지 않은 일이었다. 솔직히 나로서는 혁명적인 일이었다.

놀랍게도 그녀는 거절 이유를 묻는 답장을 보내왔다. 거절당하는 게 익숙하지 않아서 내가 자기 부탁을 들어주지 않는 이유가 몹시 궁금한 것 같았다(참고로 그녀와 나는 친구라고 할 만한 사이는 아니었다. 우리는 일 때문에 딱 한 번 대화를 나누고 몇 번 메일을 주고받았을 뿐이다).

나는 네 가지 중 하나를 선택할 수 있었다.

1. 그녀의 질문에 솔직하게 답한다. 그러면 아마도 그녀는 상처를 받을 것이다. 솔직히 나는 그렇게까지 하고 싶은 마음이 없다.

2. 그녀의 질문에 거짓말로 답한다. 그녀의 자존심을 지켜줄 만한 핑계를 대자면 얼마든지 댈 수 있다.

3. 내가 군이 해명할 필요가 없다는 입장을 취한다. 나는 그녀에게 빚진 게 없다. 싫으면 싫은 거다.

4. 그냥 부탁을 들어준다. 그러면 해명할 필요도 없고 그녀도 기뻐할 것이다. 직감을 무시한 나 자신을 포크로 찌르고 싶어질 테지만.

나는 3번, '내가 군이 해명할 필요가 없다는 입장을 취한다'를 택했다. 물론 결정을 내리기가 쉽진 않았다. 모든 선택안이 나를 불편하게 만들었다. 그렇지만 경계선을 그으려면 싫은 걸 싫다고 말할 수 있어야 한다. 굳이 해명은 필요 없다. 상대방의 기분에 책임감을 느낄 필요도 없다. 부탁을 들어주지 않는다고 화를 내든 말든, 내가 이유를 말하지 않는다고 짜증을 내든 말든, 내가 자기를 기쁘게 해줄 의사가 없다는 데 충격을 받든 말든 흔들리지 말아야 한다. 경계선을 그으려면 나에게 상대방의 마음을 편하게 만들어줄 책임이 없다는 걸 확실히 알아야 한다.

혹시 "싫다니, 무슨 뜻이야?"라는 질문을 받으면 "그냥 싫다는 거야"라고 대답하자.

물론 그런 식으로 말하고서 남은 하루를 홀가분하게 보내진 못할 것이다. 싫다고 말하는 건 참 불편한 일이다. 그래서 많은 노력과 훈련이 필요하고 한참이나 마음이 복잡하고 괴로울 수 있다.

여기서 한 가지 확실히 말해두고 싶은 게 있다. 사람들은 사태가 최악으로 치달을 때까지 참고 참다가 더 이상 남들이 멋대로 구는 것을 견딜 수 없는 지경이 돼서야 그간 억눌러왔던 분노가 폭발하면서 고래고래 악을 쓰며 원하는 것을 요구한다. 그런데 그것은 누구에게도 도움이 안 된다. 누가 자기를 공격하는데 그 말을 경청하고 타협하려는 사람은 없다. 그러니 경계선을 그을 때는 미리 신중하게 생각해서 의도적으로, 친절하게 해야 한다.

나는 타인의 어떤 행동 때문에 화가 난다는 말을 참 많이 들었다. 그럴 때면 "혹시 그 사람한테 그런 행동을 하지 않았으면 좋겠다고 말한 적 있나요?"라고 묻는다. 그러면 대개는 잠깐 말을 멈췄다가 "음, 아니요. 그런 말을 해도 될지 모르겠어요"라고 대답한다. 그러곤 그런 말을 하면 분위기가 나빠질 게 뻔하니까 안 하는 게 낫다고 둘러댄다. 남 탓만 하고 핑계만 대는 꼴이다.

상대방은 자신의 행동이 우리를 불쾌하게 한다는 걸 모르는데 어떻게 그 행동을 바꿀 수가 있겠는가? 독심술을 기대해봤자 소용없으니 아닌 건 아니라고 말해야 한다. 그리고 어떤 행동이 싫다고 말하지 않았다면 그 사람에게 분노할 자격도 없다. '말 안 해도 어련히 알아야지!'라는 생각은 제발 안 했으면 좋겠다. 다시 말하지만 독심술을 기대하면 안 된다. 누군가가 당신에게 똑같은 걸 기대한다면, 그러니까 자기가 무엇을 원하고 원하지 않는지 말 안 해도 어련히 알아주기를 기대한다면 어떻겠는가?

남의 비위를 맞추고 인정을 구하는 사람들이 경계선을 긋지 않는 이유는 여러 가지가 있는데, 그중 하나가 '독한 년'으로 보이고 싶지 않기 때문이다. 이들은 껄끄러운 대화를 하느니 차라리 좀 불편하고 때로는 화가 나고 억울하고 가슴이 아플지언정 참는 편을 택한다. 자신의 필요와 욕구는 남들에게 말할 가치가 없다고 생각하는 경우도 있다.

당장 그런 생각을 버리자. 당신의 욕구와 필요는 다른 사람의 욕구와 필요만큼 중요하다. 당신이란 사람 자체가 중요하다. 이를 표현하는 행위가 바로 경계선 긋기다. 경계선은 그냥 중요하기만 한 게 아니라 '필수 요소'다. 건강한 관계를 형성하기 위해, 자신감과 자존감을 지키기 위해, 행복을 누리기 위해 반드시 필요하다. 알다시피 상습적으로 남의 비위를 맞추고 인정을 구하는 건 자신의 가치를 존중하는 사람이라면 하지 않을 것이다.

자신의 필요에 맞춰 경계선 긋기

자, 그러면 경계선을 긋는 대화를 도대체 어떻게 하면 좋을까? 이해를 돕기 위해 예를 하나 들어볼까 한다. 당신의 상사가 매번 프로젝트만 던져주고 시간은 충분히 주지 않는 사람이라고 해보자. 당신은 매번 프로젝트를 완료하긴 하지만 그러기 위해 야근을 밥 먹듯이 하고 금요일에는 주말에 할 일을 싸 들고 집에 간다. 상사가 다른 사람들을 놔두고 자꾸만 당신에게 프로젝트를 맡기는 이유가 무엇이겠는가? 군말 없이 프로젝트를 완수하기 때문이다. 하지만 당신은 갈수록 분노와 원망이 커지고, 동료에게 신세 한탄을 하고, 아침마다 프로젝트 생각만 하면 회사에 가기가 싫어진다.

1단계: 상사와 이 문제를 놓고 대화할 때는 먼저 감사 인사부터 해야 한다. 그렇게 급한 일정으로 프로젝트를 맡길 만큼 믿어줘서 고맙다고, 당연히 프로젝트를 완수할 것으로 믿어주니 영광이라고 말하자. 알랑방귀를 뀌거나 상대방을 기만하자는 게 아니다. 어디까지나 정다운 분위기에서 대화를 시작하기 위한 것이다. 이렇게 해야 상대방이 편한 마음으로 경청할 확률이 높아진다.

2단계: 솔직한 심정을 얘기하자. 과도한 업무량이 어떤 식으로 악영향을 미치고 있는지 말하자.

3단계: 필요한 것을 요청하자. 원하는 것을 직접적으로 말하자. "저한테 프로젝트를 적당히 주셨으면 좋겠어요"라는 식으로만 말하면 안된다. 이런 말은 상사에게 별로 도움이 안 된다. 상사가 어떻게 바뀌기를 원하는지 '구체적으로' 말해야 한다. "제게 큰 프로젝트를 맡기실 때는 1주일이 아니라 최소 2주 정도는 시간을 주시고 다른 사람이 20시간 정도는 저를 보조하게 해주셨으면 좋겠어요. 가능할까요?"
상사와 협상하고 절충하는 것은 좋지만 이때도 주의해야 한다. 남의 비위를 맞추고 남의 인정을 구하는 사람들은 기껏 그어놓은 경계선을 흐지부지 만들어버리는 경우가 있기 때문이다. 협상과 절충의 여지가 있을 수는 있겠지만 절대로 직감을 무시하지는 말자.

상사와 제법 좋은 관계를 유지하고 있다면 이런 대화가 그다지 어렵진 않을 것이다. 오히려 사적인 관계에서 이런 말을 꺼내기가 더 어렵다. 만약에 부모님, 배우자, 친구처럼 가깝고 정서적 교류가 많은 사람이 우리의 경계선을 넘어오려고 한다면 어떻게 해야 할까? 그때는 이런 식으로 대화할 수 있겠다.

1. 너/우리는 _____ 해서 참 좋아.

2. 나는 _____ 한 게 싫고 그게 나를 _____하게 만들어.

3. 더는 _____를 용납하지 않을 거야(구체적으로).

4. 네가 _____ 하게 바뀌었으면 좋겠어(역시 구체적으로).

5. 만약에 경계선을 넘어오면 _____하게 될 거야.

경계선을 그을 때(그리고 껄끄러운 대화를 할 때) 가장 어려운 부분은 결과에 집착하지 않는 것이다. 물론 저쪽에서 "어머, 그랬구나! 지금까지 네 마음 상하게 한 거 정말 미안해. 응, 내가 바뀔게. 당연히 그래야지. 알려줘서 고마워. 이제라도 알게 됐으니 정말 다행이다. 진하게 포옹 한번 할까?"라고 대답한다면 얼마나 좋을까?

하지만 항상 그렇게 대화가 잘 풀릴 리는 없고, 우리가 평소에 이런 대화를 잘 안 하려고 하는 이유도 바로 그 때문이다. 그러나 결과야 어떻든 간에 원하는 걸 '당당히' 말한 것만으로도 대견한 일이다. 이제껏 남의 비위를 맞추고 인정을 구하기만 했던 당신이 마침내 타인에게 솔직한 심정을 말하고 변화를 요구하다니! 저쪽에서 어떻게 반응하느냐는 저쪽의 문제다. 만약에 상대방이 반박이나 거절을 하거나 밥맛없게 나온다면 혹시 내면의 비판자가 괜한 얘기를 했다는 둥 그런 말을 꺼낸 당신이 나쁜 년이라는 둥 온갖 헛소리를 늘어놓진 않는지 경계할 필요가 있다. 그래서 나는 미리 대화를 준비하고 구체적으로 무엇을 요구할지 정하기를 권한다. 그러면 부쩍 자신감이 생긴다. 자신의 감정, 욕구, 필요를 명확하게 표현하고 뿌듯함을 느낀다면 결과야 어떻든 무조건 당신의 승리다.

설마 이 세상을 떠나는 날 "아, 평생 싫어도 좋다고 하면서 모든 사람을 만족시키고 남들이 날 어떻게 볼까 전전긍긍하면서 살아왔다니 뿌듯해!"라고 말하고 싶진 않을 것이다. 당신의 인생은 그 누구도 아닌 당신의 것이다. 단 한 번뿐인 당신의 인생!

어려워도 답해야 할 질문

- 평소에 남의 비위를 맞추거나 인정을 구하고 있다면 그 이유가 무엇이라고 생각하는가?
- 그런 짓을 그만뒀을 때 어떤 일이 벌어질까 봐 겁이 나는가?
- 어떤 상황에서, 혹은 누구를 대할 때 자신이 상대방의 감정에 대해 책임이 있다고 생각하는가?
- 혹시 매사를 너무 예민하게 받아들이는 것 같진 않은가? 그것을 어떻게 완화할 수 있겠는가?
- 어디에 어떤 경계선이 필요한가? 그중 무엇에 대해 대화를 해볼 의향이 있는가? 목록을 작성해보자.

8장

이 세상에
완벽한 나는 없으니까

완벽주의 감옥에서 탈출하기

때론 노력하지 않는 것이
최선일 때가 있다

완벽주의도 많은 여성이 훈장처럼 여기는 습관 중 하나다. 이들은 완벽을 추구하는 것과 성공, 탁월함, 성장을 추구하는 것을 동일시한다. 오로지 완벽주의만이 정답이라고 여긴다.

까놓고 말해서 완벽주의는 우리를 파괴한다. 물론 좀 과장된 표현이지만 어쨌든 완벽주의는 멋진 인생을 가로막는 주범 중 하나다. 이제부터 그 실체를 파헤쳐보자.

완벽주의는 우리의 외모와 행동이 완벽해진다면 남에게 거절당하거나 '부족한' 사람이 되는 고통을 피할 수 있다고, 따라서 가장 고통스러운 감정인 수치심을 피할 수 있다고 말하며 우리를 유혹한다. 여자들과 얘기해보면 자기는 수치심을 느끼지 않는다고 말하지만 실제로는 수치심이 삶의 동력인 경우가 많다. 여자들이 날마다 하는 선택엔 수치심이 깊숙이 개입해 있다. 그리고 수치심의 마수에 걸려 일거수일투족을 지배당하고 개떡 같은 기분을 느끼게 만드는 요상한 습관 중 하나가 바로 완벽을 추구하는 것이다.

완벽주의가 심한 여자들을 보면 누구보다 큰 두려움 속에 살고 있는 것 같다. 다만 티를 잘 안 내니까 안 그런 것처럼 보일 뿐이다. 나도 만성 완벽주의 환자였기 때문에 남들에게 온갖 결점과 불완전한 모습을 보여주느니 죽는 게 낫다고 생각했다. 사람들이 날 어떻게 보느냐가 나라는 사람의 가치를 평가하는 절대적 척도라고, 심지어는 내 존재 이유마저 거기에 달렸다고 믿었다.

열네 살에 고등학교에 들어갔을 때 나는 테니스부에 지원했다. 그전에는 운동부에 들어간 적이 없었지만(7학년 때 볼링 동호회에 들어간 것도 운동부 활동으로 쳐준다면 모르겠지만) 테니스 코트에서 자랐다고 해도 과언이 아니었으니까 테니스부에 들어가는 게 당연하다고 생각했다. 세 살 때부터 아버지나 선생님에게 레슨을 받으면서 테니스를 쳤다. 유년기 내내 테니스 라켓을 끼고 살았다.

무더운 여름날, 아버지의 차를 타고 신입 부원 테스트 장소에 도착했다. 라켓을 쥐고 잔뜩 긴장한 채 철망 너머로 다른 여자애들이 공을 치는 것을 지켜봤다. 개중에는 나와 실력이 비슷한 애들도 있었지만 나는 그들에게 1초 이상 눈길을 주지 않았다. 대신 나보다 실력이 좋은 애들을 관찰했다. 그러자 '만약 내가 지면 어떡하지? 이렇게 사람들이 다 보는 앞에서 테스트에 떨어지면? 부모님이 뭐라고 생각하실까? 다른 사람들은 또 뭐라고 생각할까?' 라는 생각이 나를 집어삼켰다.

불안감에 온몸이 뻣뻣하게 굳어서 문을 열고 들어갈 수가 없었다. 몇 분간 공포에 떨다가 공중전화를 찾아서 아버지에게 다시 태우러 와달라고 했다. 그날로 테니스를 그만둔 나는 다시 코트에 서기까지 20년이 걸렸다.

그날 테니스를 그만둔 것이 두고두고 후회가 됐다. 나에게 테니스 코트는 집이나 다름없었다. 그런데 완벽주의, 실패에 대한 공포, 타인의 평가에 대한 두려움에 사로잡힌 나머지 이후로 한참을 후회할 결정을 내리고 만 것이다. 그날 나는 완벽하게 못할 바에야 차라리 다 때려치우자고 생각했다.

완벽주의의 포로가 된 사람들

어떤 여자들은 완벽주의가 기승을 부리는 집안에서 성장한다. 레인도 그랬다.

우리 집에서는 완벽주의가 당연시됐다. 할머니가 카펫을 곱게 빗어놓으면 절대로 밟고 다니면 안 됐다. 어머니도 할머니처럼 완벽하게 정돈된 집을 추구했다. 아버지는 내가 당연히 올 A를 받기를 기대했고 한 과목이라도 그 밑으로 떨어지면 실망한 기색이 역력했다. 나는 죽어라 공부해서 고등학교를 2학년 때 조기졸업하고 열일곱 살 생일 다음 달부터 대

175

학교에 다녔다. 어른이 된 지금 나는 손님을 맞으려면 집이 완벽하게 정돈돼 있어야 한다고 생각한다. 그래서 누가 예고도 없이 집에 오겠다고 하면 안 된다고 하고 우리 애들이 친구를 초대하겠다고 하면 미친 듯이 청소를 한다.

레인도 완벽주의를 유산으로 물려받은 게 분명하다. 이런 가정에서 자녀에게 전달되는 메시지는 자명하다. "완벽하지 않으면 넌 모자란 사람이다. 우리는 그런 사람을 인정하지 않는다." 평균 혹은 그 이하는 용납되지 않는다는 것이다. 물론 당신의 성장기는 달랐을 수 있다. 어쩌면 당신은 가정에서 사랑과 관심을 충분히 받지 못한다고 느껴서 완벽주의가 생겼을지도 모른다. '내가 완벽해지면 다들 나를 사랑해주고 받아들여줄 거야'라는 생각이 완벽주의를 부추겼을 수 있다.

아니면 오빠나 언니, 동생이 워낙 특출해서 당신은 절대로 거기에 비할 존재가 못 된다고 생각하며 자랐고, 그래서 지금도 여전히 비현실적인 기준을 충족시키려고 노력 중인지도 모른다.

우리 집으로 말하자면 그런 쪽과 거리가 멀었다. 내가 테니스부에 지원하겠다고 했을 때 부모님이 좋아하시긴 했지만 내게 뭔가를 강요하시진 않았다. 나는 평범한 학생이었고 올 A를 받아야 한다는 압박감 같은 걸 느껴본 적이 없었다. 하지만 어린 시절을 돌아보면 나는 미국 문화의 희생자였던 것 같다. 내가 자란 1980년

대는 전국적으로 에어로빅 열풍이 불었고, 여자들이 정장에 테니스화를 갖춰 신고 직장에 다녔으며, 우리가 알아야 할 것은 MTV에서 다 배웠다. 완벽주의로 물든 시대에 나는 완벽주의의 포로가 됐다.

완벽함보다 탁월함을 추구하자

완벽주의에 시달리는 여자들은 완벽주의를 포기하면 나태한 사람이 될까 무섭다고 말한다. 이들은 완벽해지려는 노력을 중단하는 것이 '에이, 쌍, 될 대로 되라!'라는 식으로 외모, 직업, 양육 등 모든 걸 나 몰라라 하는 거라고 생각한다. 완벽 추구가 몸에 배어 있다 보니까 거기에 조금이라도 못 미치면 구제불능이 된다고, 여성의 수치가 된다고 여긴다. '완벽을 목표로 하지 않는다면 나는 게으름뱅이에 불과하다'라는 게 이들의 인식이다. 후유유!

여자들이여, 그것만이 인생의 길이 아니다. 완벽함이 아니라 우수함을 추구하는 것만으로도, 좀 더 나아가 탁월함을 추구하는 것만으로도 충분하다. 《불완전함의 선물The Gifts of Imperfection》을 쓴 브레네 브라운에 따르면 우수함을 추구하는 건 자신에게 초점을 맞추는 것(내가 어떻게 더 발전할 수 있을까?)이지만 완벽함을 추구하는 건 타인에게 초점을 맞추는 것(사람들이 뭐라고 생각할까?)이다.

지금 모든 일을 때려치우고 회사도 그만두고 부모님 집 지하실에 틀어박혀 살라는 게 아니다. 우수함만 추구해도 충분하다. 그런데 내가 누구를 위해 그렇게 하는지를 생각해봤으면 좋겠다. 나 자신을 위해서인가? 그렇다면 내 인생을 적극적으로 살았다는 것에, 그 일을 해냈다는 것에 자부심을 느낄 것이다. 반대로 다른 사람들을 위해서라면? 그러면 사람들에게 호감을 사고 인정을 받을 수 있을 것이고, 따라서 비판, 거부, 책망을 받을 일이 없기 때문에 수치심도 느끼지 않을 것이다.

둘의 차이를 알겠는가?

이 둘 사이에 선명한 경계선이 있다고는 생각하지 않는다. 자기계발로 한가락 한다는 사람들도 완벽주의의 함정에 빠지곤 한다. 그러니 이 둘을 칼로 무 자르듯이 확실하게 구별할 수 있다고 생각한다면 부디 완벽주의를 극복하기 위한 노력에 완벽을 기하는 일이 없도록 주의하기를 당부하는 바이다!

자신에게 숨 쉴 수 있는
여유를 선물하자

〰〰〰

완벽주의의 마수에서 벗어나기로 결심했다면 이제 소매를 걷어붙이고 본격적인 행동에 돌입하자. 완벽주의를 포기해도 얼마든지 멋진 사람이 될 수 있다. 다음과 같은 기법이 도움이 될 것이다.

비판을 받아넘기는 법을 익힌다

완벽주의자들은 비판적인 피드백을 받으면 화형이라도 당하는 듯한 고통을 느낀다. 그들은 비판에 방어적으로 대응하면서 나락으로 떨어진다. 물론 저쪽에서 비판을 잘못하는 경우도 있지만(세상에는 그렇게 막돼먹은 인간들도 있다) 완벽주의자들은 비판을 받으면 온종일, 혹은 그 이상을 끙끙댄다. 혹시 어떤 일에 대한 비판을 받고서 그것으로 자신의 전 존재에 대한 신념을 만들어내진 않는지 생각해보자. 예를 들어 상사가 업무에서 어떤 부분을 바꿨으면 좋겠다고 말했을 때 속으로 나는 멍청한 인간이라고 자책하진 않는가? 또는 몇 주 동안 상사를 악마와 동급으로 취급하진 않는가?

앞으로는 비판에 부딪혔을 때 자책의 구렁텅이에 빠지지 말고 자신에게 이렇게 물어봤으면 좋겠다. 그 피드백을 준 사람이 누구인가? 그 사람이 내게 중요한 존재인가? 만일 아니라면, 예를 들어 온라인에서 익명으로 댓글을 단 사람이라면 이렇게 생각해보자. 얼굴도 모르는 사람의 의견에 내 자존감이 휘둘리는 걸 허락해야겠는가?

그래도 자책감이 사라지지 않는다면 이렇게 물어보자. 혹시 그 사람의 말이 정곡을 찌르진 않았는가? 매우 중요한 문제를 지적하진 않았는가? 그 문제는 내가 해결할 수 있는 것인가? 예를 들어 지금 직장이나 가정에서 고치려면 고칠 수 있는 잘못을 저지르고 있진 않은가?

만약 비판을 받고 나락으로 떨어지는 느낌이라면 머릿속에서 무슨 얼토당토않은 얘기를 지어내고 있는지 생각해보자. 객관적 사실과 확인되지 않은 가설을 구별할 수 있겠는가? 직장에서 실수를 저지르고 비판을 받았다면 실수를 저질렀다는 것만이 객관적 사실이다. 하지만 머릿속에서는 내가 팔푼이라느니, 해고될 거라느니, 다들 날 싫어한다느니 하는 현실과 동떨어진 생각들이 생산되고 있을 것이다. 그러므로 비판이 들어오면 정신을 똑바로 차리고 호기심을 발휘해 명확하게 사태를 파악해야 한다.

우리 부부는 저녁식사 때마다 아이들에게 세 가지 질문을 한다.

첫째, 하루 동안 제일 좋았던 일이 무엇인지 묻는다.

둘째, 하루 동안 제일 안 좋았던 일이 무엇인지 묻는데, 그 이유는 아이들이 '절대적 낙천주의'를 인생의 원칙으로 삼지 않기를 바라기 때문이다(절대적 낙천주의 또한 완벽주의의 일환이다).

셋째, 하루 동안 저지른 실수 중에서 하나를 말해달라고 한다. 실수를 저지르지 않으면 삶의 귀한 교훈도 얻을 수 없다는 사실을, 그리고 실수는 인간이라면 당연히 저지르는 것이니까 갖은 수를 써서 피하려고 할 게 아니라 교훈을 얻으면 된다는 사실을 아이들이 어릴 때부터 알았으면 하기 때문이다.

누군가에게 직접적인 피드백을 받았든 아니든 간에 당신도 날마다 자신의 실수를 돌아보고 거기서 배울 것을 배웠으면 좋겠다. 다시는 실수를 저지르지 않겠다고 맹세하거나 한없이 자신을 책망하지 말고 말이다.

현실적인 기대치를 설정한다

나는 개인 코칭 고객들이 목표를 설정하는 것을 도와줄 때 먼저 목표를 나열한 목록을 달라고 한다. 가끔은 그 목록을 보고 있자면 빙긋 웃음이 지어진다. 대담한 포부와 목표를 세우는 것이야 나도 대찬성이지만 그들의 목표는 몸이 열 개라도 모자라겠다 싶을 수준이다. 그래서 나는 누가 그 목록을 만들었냐고 물어본다.

본인이 만든 건가요, 아니면 내면의 비판자가 만든 건가요? 말하자면 참된 자아가 만들었느냐, 완벽한 자아가 만들었느냐는 것이다. 여기서 좀 더 심층적인 질문을 몇 개 더 던지면 그들도 목록을 만들 때 자신에게 초점을 맞추지 않고 목표를 모두 성취했을 때 얻을 수 있는 기대와 반응만 생각했다는 사실을 알게 된다.

완벽주의자들은 목표를 달성하는 자체보다 부수적인 효과에 관심이 많다. 목표를 달성했으면 잠깐 멈춰서 성취감을 음미할 법도 한데 잠시도 그러질 않는다. 그래서 나는 여기서 두 가지를 묻고 싶다. 당신의 목표는 당신을 위한 것인가? 그 목표를 달성한 후에 아무도 관심을 보이지 않거나 당신이 목표를 달성했다는 사실 자체를 모른다면 어떤 기분이 들 것 같은가? 그래도 그 목표가 의미 있는가? 그래도 그 목표를 달성한 게 뿌듯할 것 같은가?

자신에게 여유를 허락한다

완벽주의를 탈피하려면 자기연민을 훈련해야 한다. 그 방법은 1장에서 자세히 설명했다. 여기서는 또 한 가지 기법을 소개하고 싶다. 바로 자신에게 여유를 허락하는 것이다.

먼저 자신이 어떤 영역에서 완벽주의로 쏠리는 경향이 있는지 파악할 필요가 있다. 종이에 다음과 같은 영역을 적어보자. 똑같이 적을 필요는 없으니까 자신의 상황에 맞게 적당히 바꿔 써도 좋다.

* 양육

* 일/경력

* 인간관계

* 식습관/몸

* 장래 목표

* 가정

다음으로 각 영역에서 어떤 식으로 자신에게 여유를 허락할 수 있을지 적어보자. 예를 들면 다음과 같은 것을 허락할 수 있을 것이다.

* 가끔 엄마로서 실수하는 것

* 완벽한 엄마/아내/직원/친구가 되기 위해 최선을 다하지 않는 것

* 가끔 운동을 빼먹는 것

* 날마다 나를 친절히 대하는 것

* 한 시간씩 나만의 시간을 보내는 것

* 나 자신을 고립시키지 않고 _____에게 도움을 요청하는 것

이렇게 자신에게 허락하는 것을 포스트잇에 적어서 눈에 잘 띄는 곳에 여기저기 붙여놓자. 핸드폰의 알림 기능을 이용해 주기적으로 화면에 뜨게 하자. 메일로 적어서 자신에게 발송 예약을 걸

어놓자. 종이에 적어 거울에 붙여놓자. 그래서 언제든 그게 눈에 들어오면 읽고 받아들이자.

이번에도 역시 그렇게 하면 게으름뱅이가 되는 걸 허락하는 게 아닌가 하는 생각이 들 수 있겠지만, 이는 자신을 다그치지 않고 불완전함을 허락하는 것이다. 군이 흑백논리로 생각할 필요가 없다. 성장의 길은 옳은 길과 잘못된 길로 확실히 나뉘어 있진 않다. 우리의 목표는 자각, 일관성, 자기배려, 자기연민이다. 이 모든 걸 실천한다면 우리는 더욱 행복한 사람이 될 것이다. 안 그런가, 응?

완벽주의 밑바닥에 있는 진실

자, 이제 당신을 괴롭히는 완벽주의의 실체를 파헤쳐보자. 완벽주의가 어떤 악영향을 미치고 있는지 한번 적어봤으면 좋겠다. 예를 들면 엄마인 당신이 자꾸만 집을 청소하고 정리하는 문제로 고민을 하니까 아이들이 스트레스를 받고 있을 수 있다. 회사에서 당신은 일중독 직전이거나 이미 일중독자일지도 모른다. 부족한 사람으로 보일까 무서워 마음을 터놓지 않으니 대인관계가 삐걱대고 있을 가능성도 있다. 설령 당신의 완벽주의가 다른 사람들에게는 해를 끼치지 않는 것 같다 해도 당신 스스로는 불안감과 자격지심이라는 아주 성가신 감정에 시달리고 있을 것이다. 이런 부작용의 목록을 작성한 후 완벽주의로 인해 얻는 것보다 잃는 게 더 많진 않은지 생각해보자. 그래도 여전히 완벽을 추구할 '가치'

가 있다고 생각하는가?

완벽주의는 두려움과 맞닿아 있다. 이 시점에서 나는 묻지 않을 수 없다. 당신이 정말로 두려워하는 것은 무엇인가? 한번 적어보자. 이 페이지의 여백에 적어도 좋고, 다른 종이에 적어도 좋고, 거울에 립스틱으로 적어도 좋다. 어디든 상관없으니 여하튼 적어보자. 어떤 면에서 사람들이 당신의 불완전한 모습을 알게 될까 겁이 나는가? 아마도 이런 것이 두려울 것이다.

* 실수를 저지르는 것
* 사람들이 나를 멍청하고 자격이 없다고 생각하는 것
* 사람들이 내 몸을 비판하는 것
* 내가 무엇이든 척척 해내지 못하고 문제가 있어서 배우자가 떠나는 것
* 사람들이 내 양육법을 비판하는 것
* 성공하지 못하는 것
* 내가 싼 똥도 수습 못하고 개차반 같은 인생을 사는 것
* 얼마나 무능력한 인간인지 알게 되는 것

내가 장담하는데 당신은 자신이 생각하는 것보다 훨씬 잘 살고 있다. 그러니까 자신에게 여유를 좀 허락해서 완벽과 게으름의 중간 지대에 발을 담가도 된다. 완벽주의의 고삐를 풀면 내면의 비

판자는 당신이 모든 걸 포기한다고 말할지 모르나 사실은 그게 마음의 평화, 자유, 더 큰 기쁨에 이르는 길이다.

우리 모두 그곳에서 당신의 자리를 비워두고 기다리고 있겠다.

 어려워도 답해야 할 질문

- 자신의 완벽주의가 어디서 비롯되는지 콕 집어 말할 수 있는가? 만일 그렇다면 그 원인을 되짚어보면서 거기서 만들어진 신념을 극복할 수 있겠는가?
- 완벽주의를 추구하지 않으면 어떻게 될 거라고 오해하고 있는가?
- 어떻게 하면 비판을 좀 더 의식적으로 처리할 수 있겠는가? 그리고 비판은 물론이고 피드백을 받을 때 머릿속에서 자신에 대해 얼토당토않은 얘기를 지어내고 있진 않은가?
- 지나치게 높은 기대치를 설정하지 않기 위해 자신에게 어떤 여유를 허락해야 하겠는가?
- 완벽주의로 인해 어떤 대가를 치르고 있는가?

9장

센 척하지 마,
외면하지 마,
도망가지 마

쓸데없이 강한 척하지 않기

혼자서도 잘 버텨내야
한다고 생각한다면

〰〰〰

"강인하게 버텨!"

흔히 응원으로 하는 이 말은 지옥에나 떨어져야 할 말이다. 만약 '강인함'이라는 집이 있다면 창문을 다 깨부수고 확 불을 질러버리고 싶다.

우리는 여자가 감정을 표현하면 히스테리를 부린다고 하는 문화에서 자랐다. 그런 편견을 무서워하면서도 거기서 벗어나지를 못한다. 그래서 감정을 모조리 마음속 깊은 곳에 쑤셔 넣고 부디 그것이 싹 사라져버리길 두 손 모아 기도한다.

트레이시도 그랬다.

어릴 때부터 "넌 참 강인해"라는 말을 들었다. 건강상 문제가 많았던 나는 주위 사람들이 그런 말을 하면 무의식중에 '그래, 아무리 힘든 일이 닥쳐도 다 이겨내고 내가 얼마나 강인한지 보여줘야 해'라고 생각했다. 이제 아내이자 어머니가 된 나는 틈만 나면 강인함의 갑옷을 두른다. 할 줄 아는 게 그것밖에 없으니까. 남편의 외도 사실을 알게 되고, 이혼을 하고, 3년 동안 백수로 살고, 최근에는 암 진단까지 받는 등 온갖 역경을 겪는 동안 그런 습관에서 버틸 힘을 얻었던 것도 같다. 강인하게 버티려고 했기 때문에 아이들과 나 자신을 돌볼 수 있었다. 다른 사람에게 도움을 요청하거나 약한 모습을 보이는 건 내 스타일이 아니었다.

'강인하게 버티기'는 단기적으로 큰 효과를 발휘한다. 강인하게 버티는 습관을 키울 때 우리는 감정을 멀찌감치 밀어놓는 법도 같이 배운다. 감정을 억제하는 것이 곧 강인함이 된다.

그리고 서로 칭찬하며 축하해주기까지 한다. 내가 다른 사람들한테서 "당신은 정말 강인한 사람이에요. 나라면 과연 당신이 겪은 일을 버텨낼 수 있었을지 모르겠네요"라는 말을 들을 때마다 1달러씩 받았다면 지금쯤 돈방석에 앉아 있을 것이다. 그리고 내가 다른 여자한테 그런 말을 할 때마다 1달러씩 받았다면 갑부가 됐을 것이다.

우리는 그런 말로 서로를 달래도록 교육받았다. 누군가가 이혼, 질병, 사별처럼 힘든 일을 겪고 있을 때 유감스럽게도 우리는 강인하게 버티라고 말할 때가 많다. 그런 걸 못 버티고 감정의 둑을 무너뜨리는 것은 잘못이기라도 한 듯이 말이다.

솔직히 말하겠다.

나도 강인함이 나쁜 것이라고 생각하진 않는다. 뭔가를 견뎌내야 할 때 강인함은 좋은 것이 된다. 트레이시는 이혼을 하고 직장을 잃고 암 진단을 받았을 때 강인함을 발휘하는 습관이 큰 도움이 됐다고 했다. 우리 인간이 회복탄력성을 타고난다는 점을 생각해보면 강인함을 발휘하는 습관을 선택하는 게 당연해 보인다.

하지만 그게 다가 아니다.

우리가 다른 사람에게 강인하게 버티라고 말할 때 그 속뜻은 쉽게 주저앉지 말고, 너무 많이 울지 말고, 그 고통을 목격하고 있는 사람들이 불편해질 정도로 유난을 떨지 말라는 것이다. 물론 아끼는 사람이 고통을 겪는 광경을 지켜보자면 괴로울 수밖에 없다. 힘든 감정을 드러내는 사람과는 같이 있는 것조차 불편할 때가 많다.

내가 하고 싶은 말은 우리가 안정적인 것을 좋아한다는 것이다. 우리는 행복을 좋아하고 긍정론을 좋아한다. 그래서 불편함과 나약함을 받아들이지 못하고 강인하게 버티기를 요구한다.

하지만 나는 그런 사고방식을 완전히 뒤엎어버리고 싶다.

감정의 빗장을 풀어 버리자

강인함의 반대가 뭐라고 생각하는가? 지금까지 무얼 보고 자랐는가? 어릴 때 부모님이 당신 앞에서 감정을 표현했는가? 어쩌면 부모님이 감정은 표현했지만 거기에 아무 경계선이 없었을 수도 있다. 예를 들면 부모님이 분노를 드러낸 후에 뒷일을 수습하지 않았거나 그것에 대해 당신과 진지하게 대화하지 않았을 수 있다. 또는 당신이 감정을 드러냈을 때 이런 말을 들었을지도 모르겠다.

* 뚝 그쳐.
* 어리광 피우지 마.
* 지금 이럴 시간 없어.
* 그만해, 다 괜찮아질 거야.
* 이 정도는 이겨내야지.

어릴 때부터 감정을 느끼는 게 나쁘다는 인상을 받았다면 성인이 되어서도 감정을 표현하는 데 어려움을 느낄 게 분명하다. 지금껏 살면서 어떠어떠한 감정을 느끼는 게 잘못됐다는 투의 말을 들은 적이 있을 것이다. 선의에서 한 말이라 해도 듣는 사람으로서는 매우 혼란스러울 수 있다. 예를 들어 무섭다고 말했는데 저쪽에서 "아무것도 무서워할 거 없어"라고 답한다면 이런 조언이 마음속 깊이 남아 강인해지기를 종용할 수 있다.

나는 열여덟 살 때 부모님의 이혼에 큰 충격을 받았다. 이복 언니오빠들은 나보다 나이가 훨씬 많았기 때문에 사실상 나 혼자 외동딸처럼 그 충격을 감당해야 했다. 부모님은 나를 상담소로 데려갔고 나는 상담을 받는 동안에는 울지 않겠다고 약속했다. 그것이 내 목표가 됐다. 나는 상담사 선생님과 부모님에게 괜찮다고만 말했다. 그래야 나 자신만이 아니라 내가 아끼는 사람들을 부정적인 감정에 휘둘리지 않도록 보호할 수 있다고 생각했다. 내가 부모님의 이혼으로 상처받은 걸 두 분이 몰랐으면 했다. 내 감정을 드러내면 두 분이 가슴 아파할 거라고, 무슨 수를 써서든 그런 일은 피해야겠다고 다짐했다.

혹시라도 내가 그 마음의 빗장을 조금이라도 풀면 지난 세월 애써 꾹꾹 눌러놨던 감정들이 회오리바람에 날리는 쓰레기처럼 이리저리 날아가서 부딪히는 사람마다 상처받을 거라고 믿었다. 그래서 빗장을 단단히 걸고 강인함의 가면을 훈장처럼 쓰고 아무 일 없는 척했다.

트레이시의 사례에서 봤듯이 "넌 참 강인해"라는 말은 강력한 힘을 발휘한다. 다른 사람 입에서 나온 말이든 스스로 한 말이든 간에 그런 말을 들으면서 우리는 강인함을 발휘하는 것이야말로 인생의 난장판을 헤쳐나가는 길이라고 믿게 됐다. 강인함만이 살아남는 길이고 고통에 항복한다는 건 큰일 날 소리라고 생각했다.

강인함만큼 나쁜 과잉 독립심

강인함에게 동생이 있다면 그 이름은 '과잉 독립심'이다. 어쩌면 당신과도 잘 아는 사이일지 모르겠다. 과잉 독립심은 뭐든 혼자 힘으로 해결하려 하고, 힘에 부치는 일이 있어도 절대로 다른 사람에게 말하거나 도움을 요청하지 않으려는 태도다. 자신을 고립시키고 숨어버리는 습관(2장 참고)과 비슷하지만 몇 가지 차이점이 있다. 독립심이 너무 많은 여자들은 자신에게 이렇게 말한다.

* 혼자서 더 많은 일을 할 수 있어야 해.
* 남들한테 군이 도움을 요청할 필요 없어.
* 이 일을 잘하려면 내 힘으로 해야 해.
* 이 일을 할 수 있는 사람은 나밖에 없어.

아울러 사랑이나 동지애 같은 걸 빌미로 타인에게 의지하는 건 너무나 옹색하고, 나약하고, 유치한 짓이라고 믿을 수도 있다. 짐작하다시피 이들은 그럴 마음이 없다.

어쩌면 당신도 독립심이 강한 사람, 남의 도움 없이 성공과 행복을 누리는 사람으로 정평이 나 있을지 모르겠다. 하지만 실상은 행복과 보람에서 점점 멀어지고 있는 중이다. 왜냐하면 혼자서는 인간으로서 당연히 필요한 것이 모두 충족되지 않기 때문이다. 인간에게는 당연히 타인이 필요한데 그걸 어떻게 혼자서 충족할 수 있단 말인가.

스스로에게 감정을 느끼는 것을 허락하라

〰〰〰

　가끔은 감정의 둑을 무너뜨려도 괜찮다고 한다면 삶이 어떻게 달라질 것 같은가? 울고 싶을 때 울고, 화가 날 때 화내고, 패배감을 느낄 때 주저앉아서 감정의 물살에 몸을 맡긴다면? 한술 더 떠서 다른 사람이 보는 앞에서 그렇게 할 수 있다면? 불편함과 두려움을 감수하고 자신의 감정을 표출하고, 주변 사람들이 그것을 목격한 후에 우리를 전보다 더 사랑하게 된 것을 느낄 수 있다면? 그렇게 해도 아무 탈이 없을 거라 믿고 그 시나리오 속으로 들어간다면?

　어쩌면 당신은 '무슨 정신 나간 소리야? 다른 사람 앞에서 감정의 둑을 무너뜨리라니?'라고 생각하고 있을지도 모르겠다. 그렇게 무서워할 만도 하다. 하지만 우리는 그런 경지로 나아가야 한다.

　강인함은 아무 감정 없이 힘든 상황을 헤쳐나가는 게 아니다.

강인함은 턱 밑까지 차오르는 감정을 꿀꺽 삼켜버리는 게 아니다. 강인함은 감정을 영혼의 밑바닥으로 밀어 넣는 게 아니다.

나는 당신이 가슴을 열고 강인함에 대한 새로운 관점을 받아들였으면 좋겠다. 그래서 반갑고 꺼려지고를 떠나서 모든 감정을 수용할 수 있었으면 좋겠다.

자신의 감정을 마주해야 하는 이유

이제 강인함이란 것이 고통의 냄새를 풍기는 건 죄다 밀쳐내면서 바득바득 인생을 헤쳐나가는 게 아님을 알았을 것이다. 그렇다면 강인함을 어떻게 정의해야 할까? 강인함은 분노, 실망, 후회, 슬픔, 설움, 상실감, 공포 같은 부정적인 감정을 향해, 아울러 소위 좋은 감정이라고 하는 기쁨, 사랑, 설렘, 행복, 성취감 등을 향해 뚜벅뚜벅 걸어가는 것이다. 이 모든 감정이 감당하기 어려울 수 있다.

강인함은 감정을 알아차리고 그것을 있는 그대로 느끼는 것이다. 감정에 호기심을 갖고 더 많은 감정을 발굴해서 느끼는 것이다. 삐져나온 실밥 한 올을 잡아당기면 스웨터가 올올이 풀리는 것처럼 자기 안에서 일어나는 감정에 대한 호기심이 많아질수록 더 많은 감정을 더 쉽고 빠르게 풀어헤칠 수 있다.

이게 바로 강인함이다.

여자들을 코칭하다 보면 어김없이 감정 표현이 화제로 나온다. 수많은 감정 중에서 여자들이 특히 강인하게 억누르고 버텨내려고 하는 것을 꼽으라면 단연 슬픔과 분노다.

예를 들어 제시카는 마음속에 아버지에 대한 응어리가 남아 있었다. 그녀는 여전히 아버지에게 분노를 느끼면서도 한 번도 시원하게 표출한 적이 없고 그냥 억누르기 바쁘다고 했다. "왜 그 분노를 드러내기 두려워하는 거죠?"라고 묻자 제시카는 "내가 감당하지 못할까 봐 겁이 나거든요"라고 대답했다. "감당하지 못하면 어떻게 될 것 같은데요?"라는 질문에 그녀는 잠깐 말을 멈췄다가 다시 대답했다. "울음을 터트리면 멈추지 못할 것 같아요. 완전히 이성을 잃어버릴 것 같아요. 그러고 싶지 않아요."

자, 이제 조금씩 진전이 보인다.

나는 제시카에게 화를 내보라는 과제를 내줬다. 어떻게 하면 화를 낼 수 있을까? 그녀는 과거의 기억을 상기시켜 화가 나게 해줄만한 사진이 몇 장 있다고 열심히 과제를 해보겠다고 약속했다.

며칠 후 나는 사진이 첨부된 문자메시지를 한 통 받았다. 침대이불 위로 전화번호부가 갈기갈기 찢겨 있고 잔뜩 구겨진 휴지갑이 보였다. 메시지에는 "휴지 한 통을 다 쓰고 고무망치로 전화번호부를 작살냈어요. 한 시간쯤 울고 화를 냈던 것 같은데 그러고서 푹 잤어요"라고 쓰여 있었다. 얼마 후 다시 그녀를 만났을 때 그때 기분이 어땠는지 물었다. 그녀는 처음에는 불안감이 느껴지면서 마치 몸이 앞으로 일어날 일을 예상하고 에너지를 모으는 것 같은 기분이 들었다고 했다. 그러다 몸이 분노를 방출할 준비가 됐을 때 일부러 뜸을 들이며 적당한 때를 기다렸다가 마침내 감정의 물꼬를 텄다. 다 지나고 난 후에는 자신이 그러고도 멀쩡하다는 것에 안도하면서 기분이 한결 좋아졌다고 했다.

그렇다고 제시카가 그 후로 그 문제에서 완전히 해방됐다는 말은 아니다. 살면서 똑같은 문제가 찾아와서 또다시 맞서야 할지도 모른다. 그래도 이 기법이 유익했던 것은 분명하다. 반드시 방출해야 할 감정이 방출되는 것은 물론이고 자신에 대한 신뢰가 생겼기 때문이다. 이제 제시카는 폭풍 같은 감정을 분출해도 자신이 멀쩡하다는 걸 확실히 알게 됐다. 그런다고 눈앞에서 세상이 박살 나진 않았으니까.

몸에 항복하면 편해진다

감정을 외면하는 것은 자신이 모든 걸 잘 통제하고 있다고 스스로를 속이는 것이다. 그리고 감정을 표출하는 것은 머리로 상황을 타개하려 하지 않고 몸에 항복 선언을 함으로써 몸이 해야 할 일을 하도록 내버려 두는 것이다.

자신의 몸에 항복한다는 것이 많은 사람에게 생소한 개념일 것이다. 하지만 그런 게 필요할 때가 있다. 아이를 낳아본 적이 있는 사람이라면 진통이 시작됐을 때 억지로 아이를 내보내지 않으려 하는 게 얼마나 위험한지 잘 알 것이다. 당연히 그래도 아이는 나왔을 것이다. 아니면 토하는 것을 생각해봐도 좋겠다. 토가 나오는 것도 참는다고 막을 수 있는 게 아니다. 우리 몸은 무엇을 내보내야 하는지 잘 안다. 그래서 그런 것을 방출함으로써 우리를 보호한다. 감정도 마찬가지다. 우리 몸은 그것을 어떻게 해야 하는지 잘 안다.

감정이 일어날 때 우리는 두 가지 중 하나를 선택할 수 있는데 둘 다 썩 좋아 보이진 않는다.

1. 감정을 억누른다. '강인한' 사람답게. 물론 쉬운 일은 아니고 많은 노력이 필요하다. 특히 감정을 멀리하기 위해 마음을 마취하거나, 애써 괜찮은 척하거나, 남 탓을 하는 습관이 있다면 더욱 그렇다.

2. 감정을 표현한다. 이 또한 힘든 일이다. 눈알이 빠지도록 울거나 베개에 얼굴을 묻고 고래고래 악을 쓰기 좋아하는 사람은 없다. 고통을 느끼는 것은 당연히 고통스럽다.

많은 사람이 이 두 가지를 모두 못마땅하게 여기지만 감정을 억누르는 게 더 익숙하니까 1번을 선택한다. 이게 우리 잘못이라고만은 할 수 없다. 아마도 줄곧 그게 옳다고 배워왔을 테니까 말이다. 불굴의 여전사 가면을 쓰고 세상에 강인함을 보이라고 말이다. 그래서 누가 뭐라고 해도 눈 하나 깜빡하지 않을 정도가 되면 잘했다고 인정을 받는다.

우리는 이미 그런 데 길들어져 있다. 그 요령을 터득했기 때문에 그렇게 하는 게 더 쉽다. 하지만 내가 확실히 아는데 그런 가면극은 사람의 기운을 쏙 빼놓는다. 게다가 아무리 감정을 억누르거나 남에게 떠넘기려 해도 결국에는 표출해야만 한다. 감정을 산 채로 묻어놓고 죽기만 기다려봤자 아무 소용이 없다. 감정은 죽지 않는다. 몸속에 쭈그리고 앉아서 혼란, 질병, 짜증, 불안, 불면증과 같은 형태로 발현되고 때로는 우울증을 낳기도 한다.

그렇다면 강인함을 다시 정의하는 게 어떨까? 사실 강인함은 다음과 같은 것이다.

* 도움을 요청하는 것
* 설령 자신이 모든 일을 할 수 있다 해도 모든 일을 하진 않는 것
* 감정을 마취하거나 외면하지 않고, 자신의 고통을 줄이겠다고 타인에게 상처를 주지 않고, 있는 그대로 느끼는 것

그리고 감정에 대한 흑백논리를 경계했으면 좋겠다. 무슨 소리인가 하면, 우리가 택할 수 있는 건 시도 때도 없이 감정에 굴복해 직장에서 민폐를 끼치고 아이들 앞에서 만신창이가 되는 것 아니면 모든 감정을 삼키고 강인함을 발휘하는 것뿐이라고 생각하지 않았으면 좋겠다. 그렇게 이분법적으로 생각할 필요가 없다.

어떤 감정이 일어났을 때 그것을 내보내기에 적당한 때가 될 때

까지 조금 기다리는 것도 괜찮은 방법이다. 친구가 얘기를 들어줄 수 있을 때까지 하루쯤 기다렸다가 도움을 요청해도 괜찮다. 하지만 이때도 주의할 필요는 있다. 하루나 이틀을 기다리다 보면 감정을 억누르는 습관이 또 스멀스멀 기어오를 수 있기 때문이다. 그런 데 넘어가지 않도록 자신을 다잡으면서 강인함을 다시 정의하기 바란다.

이렇게 감정을 억누르는 순간을 알아차리는 것부터 시작하자.

관건은 자각이다

강인함에 집착하는 습관을 끊으려고 할 때 가장 중요한 것 역시 자신이 그 습관에 빠져드는 때를 알아차리는 것이다.

만약 마음속에서 "어린애도 아니고 뚝 그쳐"라거나 "포커페이스를 유지해"라는 말이 들린다면 내면의 비판자가 하는 말임을 알아차리자. 내면의 비판자는 다른 사람들에게 나약하다는 인상을 주는 걸 무턱대고 두려워하는데, 솔직히 어디 가서 진찰을 좀 받아봐야 할 수준이다.

강인함은 훈장이 아니고, 우리를 앞서가게 하지도 않으며, 다른 누구보다 나은 사람으로 만들어주지도 않는다는 사실을 기억하자. 인생의 마지막 순간에 그간 강인하게 살았다고 누가 상을 주는 것도 아니다. 일시적으로는 강인함이 효과를 발휘할 수 있다. 다시 말해 당장은 타인의 인정을 받게 되고 자신의 진짜 문제와 감정을 살피고 처리할 필요가 없게 된다. 하지만 자매여, 그래 봤자 근본적인 문제가 해결되지 않는다.

강인해지려는 습관을 극복하려면 스스로에게 감정을 느끼는 걸 허락해야 한다. 연민하는 목격자에게 도움을 청한다면 더더욱 좋다.

당신은 온갖 역경을 헤치며 지금에 이르렀다. 당신은 강인하고, 회복탄력성이 좋고, 불완전하고, 여전히 발전 중인 사람이다. 그런 당신이 행복해지려면 인생에 항복해야 한다. 설사 그것이 '강인함'을 놓아버리는 것이라 해도 말이다. 부디 당신이 그 길을 선택하기를, 그래서 더 큰 자신감, 용기, 기쁨을 누리기를 바란다.

 어려워도 답해야 할 질문

- '강인함'의 반대가 무엇이라고 생각하는가?
- 혹시 강인해지려고 감정을 억누르며 살고 있진 않은가? 그렇다면 그 이유가 무엇이라고 생각하는가?
- 강인하지 않은 사람이 되면, 혹은 다른 사람들이 당신을 강인하지 않다고 생각하게 되면 무슨 일이 벌어질 것 같아서 두려운가?
- 인생에서 무엇을 피하기 위해 강인함을 추구해왔는가?
- 강인함을 놓아버리기 위해 구체적으로 무엇을 할 수 있겠는가?

10장

난 특별하다는 생각,
정말일까?

통제욕 내려놓기

내 마음대로 해도
편안해지지 않는 이유

〰〰

'모든 사람이 내 말대로 하면 일이 다 잘 풀릴 거야.'

예전의 나는 진심으로 그렇게 믿었다. 인생이 잘 안 풀리면 모두 다른 사람 탓이었고, 내가 하라는 대로만 하면 모두가 더 행복해질 거라 생각했다(그러고도 친구가 있었다는 게 신기하다).

스물두 살 때 처음으로 제대로 된 직장이 생겼는데 상사(나중에 생각해보니 가히 통제의 여왕이라 할 사람이었다)는 출근 첫 주에 나에게 "우리가 완전히 통제할 수 있는 게 얼마나 되겠어요. 그러니까 그나마 통제할 수 있는 건 최선을 다해서 통제해야 해요"라고 말했다. 내 책상을 잘 정리하라는 소리였지만 나는 그 말을 마음속 깊이 받아들이고 실천했다. 그녀의 말이 옳았다. 모든 걸 통제할 수는 없는 노릇이다. 하지만 나는 과잉 성취자, 완벽주의자, 강인한 여자였기 때문에 어떻게든 통제를 하려고 용을 썼다.

우리 인간은 뭐든 확실한 것을 좋아한다. 《기대 숙취^{Expectation} Hangover》의 저자인 내 친구 크리스틴 해슬러(Christine Hassler)는 "사람들은 온갖 것을 통제하고 싶어 하고 앞으로 무슨 일이 일어날지 알고 싶어 한다. 그게 혼자 힘으로 안 될 때는 점쟁이를 찾아가 답을 구한다"라고 했다.

나는 내가 모든 것(사람도 포함)을 통제할 수 있으면 내 삶에서 불확실함, 불편함, 불안함이 싹 가시리라고 생각했다. 사람들은 자신을, 자신의 삶을, 자신의 감정을 통제할 수 없는 것 같으면 다른 사람을 통제하려고 든다. 나라고 예외가 아니었다.

통제욕에 시달리는 사람들과 관련해 재미있는 점은 통제 행위가 처음에는 장점으로 작용한다는 것이다. 통제욕이 강한 사람들은 능률이 높고, 믿음직하고, 영리하고, 생산적인 사람들이기도 하다. 이들은 어려운 과제나 곤란한 상황에서 최선의 해법을 잘 찾아낸다. 그래서 상황이 안 좋게 돌아가면 사람들은 이들을 자기편으로 두고 싶어 한다.

문제는 통제욕이 선을 넘을 때다. 그건 광기로 가는 다리를 건너는 것과 마찬가지다. 통제광들은 이쯤 하면 됐다, 이제 다른 사람을 믿고 맡겨야겠다, 하는 생각을 잘 안 한다. 그래서 순식간에 통제욕에 불이 붙어 사정거리에 있는 모든 것을 마구 통제하려 든다. 그런 기미가 보일 때 주변 사람들은 한 발짝 물러서는 게 상책이다.

그렇다고 통제욕에 시달리는 사람들이 항상 체크리스트를 들고 사람들을 쫓아다니면서 큰소리로 명령을 내리는 것은 아니다. 하지만 이들은 자잘한 부분까지 통제하기를 좋아한다. 집안일을 하는 것만 봐도 무엇이든 정해진 방식대로 해야지, 뭐 하나라도 어긋나면 미쳐버린다.

그리고 이들은 일정을 지키는 것에 과도하게 집착한다. 일정에 조금이라도 차질이 생기면 불안해하고 화를 낸다. 직장에서는 모든 일을 자기 손으로 처리하려 들고, 남에게 일을 맡기더라도 어깨너머로 지켜보며 훈수를 둔다.

통제광인 부모는 자녀의 삶에서 사소한 부분까지 통제하려 든다. 먹는 것을 모두 통제하고 일정을 세세히 관리하면서 자녀가 실수를 저지를 기회는 물론이고 성공할 기회까지 차단해버린다.

그렇다면 자녀를 안전하게 보호하는 것과 사사건건 통제하는 걸 구별하는 기준은 무엇인가? 회사에서 고도의 효율성을 보이는 것과 타인의 공간과 프로젝트를 마구 짓밟고 다니는 걸 구별하는 기준은? 자, 한번 알아보자.

통제할수록 불안해지는 사람들

사실 통제욕에 시달리는 사람들은 두려움에 시달리는 사람들이다. 이들은 자신이 모든 상황을 통제하지 않으면 안 좋은 결과가 생길까 두려워한다. 그 두려움이 너무나 커서 타인의 감정과 인간관계를 고려하지 않고 심하면 분별력까지 한쪽으로 치워버리고 오로지 자신이 통제할 수 있는 걸 통제하는 데만 열중한다.

당시에는 몰랐지만 내 통제욕이 최고조에 이르렀을 때 그 밑바탕에는 자존감과 자신감, 안정감 부족이라는 문제가 깔려 있었다. 그런데도 나는 다른 사람들에게 제일 좋은 게 뭔지 잘 안다고, 다른 사람들이 내 말만 잘 들으면 더 잘살 수 있을 거라고 생각했다. 그러다가 내가 긍정적인 결과를 내거나 다른 사람의 문제를 해결해주면 스스로에 대한 감정이 한결 좋아졌다.

내가 책임져야 할 일과 상황이 늘어나면 내가 통제할 수 있는 것도 늘어난 셈이니까. 하지만 사실은 마음의 상처, 슬픔, 압박감, 불안감, 두려움, 혼란, 번민 같은 진짜 문제를 보지 않기 위해 쓰는 편리한 도피책이었다. 그런 것들은 살아가면서 누구나 처리해야 할 문제들이기도 했다. 그때 내 행동의 밑바탕에 그런 문제가 도사리고 있다는 걸 알았는지는 모르겠지만, 무의식중에라도 직시하기를 두려워했던 것은 사실이다. 통제욕에 시달리는 사람들은 삶의 고통과 슬픔을 피하기 위해 매사를 통제하려 드는 경우가 많다. 자기 삶의 문제를 마주하기가 껄끄러우니까 남의 삶에 코를 박고 할 일을 찾고 또 찾는 것이다.

통제욕에 시달리는 사람들은 정서적으로도 불안정하다. 그동안 꼭꼭 감춰놓았던 감정이 언뜻언뜻 보일 때마다 나는 무심코 거미줄에 걸린 사람처럼 소스라치게 놀라며 겁에 질렸다. 거미줄을 떼어내려고 두 팔을 버둥거리는 사람처럼 마음속에서 스리슬쩍 빠져나오는 감정으로부터 부리나케 달아나면서 내가 통제하고 책임질 만한 일을 찾았다.

통제욕에 시달리는 사람들은 완벽주의에도 시달린다. 그들은 무엇에든 원칙을 세우고 싶어 하고, 무엇에든 답을 알길 원하고, 항상 올바른 말과 행동을 하면서 완벽하게 보이길 바란다. 그렇게 완벽해지려면 당연히 모든 걸 통제할 수 있어야 한다. 하지만 인간이기 때문에 항상 완벽한 모습을 보일 수는 없는데도 완벽주의를 추구하는 자신의 건강하지 못한 습관을 돌아보는 게 아니라 더 많은 걸 통제하려고 한다. 그러니 악순환이 생긴다.

그렇다고 해서 삶에서 안전함과 확실함을 간절히 바라는 자신을 비합리적인 사람이라고 생각하진 않았으면 좋겠다. 누구나 그런 걸 원한다. 그리고 뭔가를 통제하려는 게 무조건 나쁘다고 할 수는 없다. 하지만 이제부터는 자신에게 이렇게 물어봤으면 좋겠다. 나의 통제 행위가 인생에 부정적인 영향을 미치고 있진 않은가? 다시 말해 도를 넘어서진 않았는가?

자신감은 머리에서 나오지만 자기신뢰는 가슴에서 나온다

〰〰〰

통제 습관을 바꾸려면 자신과 싸우기를 멈추고 항복하는 연습을 해야 한다. 이렇게 말하면 모든 걸 내려놓으라는 말로 들려서 팔다리가 잘리는 듯한 기분이 들지도 모르겠다. 내가 없어도 모든 일이 잘 돌아간다고 믿고 다른 사람들이 하고 싶은 대로 하게 내버려 두라는 말로 들릴 수 있다. 이제부터 모든 걸 포기해버려야 하니까 모든 것에 무심해지는 법을 배워야 한다는 말로도 들릴 수 있다. 하지만 그런 뜻이 아니니 안심하기 바란다.

여기서 항복이란 싸움을 멈추고, 저항을 멈추고, 자신이 모든 사람과 상황을 통제할 수 있어야만 잘살 수 있다는 잘못된 생각을 멈추는 걸 뜻한다.

앞에서 통제 습관이 두려움과 맞닿아 있다고 했을 때 혹시 거부감이 들었을지도 모르겠다. 어쩌면 당신은 자신이 누구보다 유능하고 영리하다고 생각하고 있을 것이다. 그런데 이런 신념으로 사는 것은 온 우주와 싸우는 것과 마찬가지다. 세상일이 자연스럽게 일어나는 걸 막으려 드는 것이다. 만약 통제권을 놓아버리기를 거부하고 있다면 이렇게 묻고 싶다. 통제권을 놓아버리면 도대체 무슨 일이 일어날까 봐 겁을 내는 것인가?

모든 것이 무너질까 겁이 나는가? 사는 게 더 힘들어질까 겁이 나는가? 책임져야 할 일을 책임지지 않는다고 손가락질을 당할까 겁이 나는가? 항복이란 게 포기 같아서 쉽사리 받아들일 수가 없는가? 혹시 자신은 반드시 능률적이고 생산적인 성취자여야만 한다고 믿고 있는가?

어쩌면 이 모든 게 당신의 얘기일지도 모르겠다. 충분히 이해한다. 통제권이 우리 삶에서 유일하게 확실성을 보장해주는 것으로 느껴질 수 있다는 사실을 나도 잘 안다. 그래서 나는 인생을 억지로 끌고 다니지 않고 놓아줄 때 인생이 더 잘 풀린다는 사실을 항상 되새기려 팔뚝에 '항복'이라는 문신을 새겼다. 내가 사랑이 실재한다는 것만큼 확실히 아는 게 있다면 바로 모든 걸 통제하려 들면 아무 소득 없이 광기로 가는 편도 열차에 오를 뿐이라는 점이다.

자, 그러면 통제 행위가 인생에 부정적인 영향을 미치고 있진 않은가 하는 질문으로 돌아가 보자. 종일 집을 청소한 후에 깨끗하고 정돈된 상태를 유지하고 싶어 하는 것은 정상이다. 하지만 혹시 그로 인해 가족들의 지극히 정상적이고 일상적인 활동에 화를 내고 있진 않은가? 그렇다면 어떤 부분에서 유연성을 발휘할 수 있을까? 아이들이 더러운 발로 집 안 곳곳을 휘젓고 다니고 여기저기 쓰레기를 버려놓으면 화가 치밀 테지만 그래도 고삐를 좀 풀어도 될 때가 있지 않을까? 혹시 가족의 일거수일투족을 통제하면서 그들이 살얼음판을 걷게 만들고 있진 않은가?

만약 직장에서 사람들이 당신의 통제 습관에 대해 염려를 표현한 적이 있다면, 또는 당신 스스로 그런 습관을 자각하고 있다면 어떤 부분에서는 타협이 좀 가능하지 않을까? 그렇다고 모든 걸 놓아버리란 말은 아니다. 일단 스스로의 행동을 돌아보고 조금씩 바꿔보자는 말이다. 이대로 가다가는 한도 끝도 없이 스트레스를 받는 것은 물론이고 사적으로나 공적으로나 대인관계에 심각한 타격을 입을 수 있다.

모든 걸 통제하려 드는 습관 덕분에 더 행복해진다고 생각할지도 모르겠지만, 내가 장담하는데 인생만 더 팍팍해질 뿐이다. 당신은 분명히 영리하고 유능한 여성이다. 그렇기 때문에 원하는 자아상에 더 잘 맞고 인생의 균형을 더 잘 맞춰줄 새로운 습관을 기를 능력이 분명히 있다.

입에 자물쇠를 채우자

통제 습관을 끊기 위해 스스로에게 '조언 금지령'을 내리는 것도 한 방법이다. 통제하기를 좋아하는 사람들은 누가 청하지 않았는데도 조언을 해야 직성이 풀린다. 하지만 남들이 인생을 망치고 있는 게 뻔히 보인다 해도, 그들이 당신 말을 들어야 더 행복해질 것 같아도, 그들이 정말로 필요한 일을 안 하고 있는 꼴을 보자니 복장이 터질 것 같아도 입을 꾹 다물자. 그러자면 정말로 기운이 쪽 빠질 것이다. 그런데 상대방이 당신의 조언을 따를 확률은 기껏해야 50퍼센트밖에 안 된다(자기가 먼저 조언을 부탁해놓고 나 몰라라 하는 사람도 수두룩하다). 당신으로서는 미치고 팔짝 뛸 노릇일 테지만 말이다.

조언을 하지 말라니 생각만 해도 답답해서 죽을 것 같다면 이렇게 해보자. 아끼는 사람이 고생하고 있는 게 보일 때 딱 한 마디만 던지는 것이다. "도움이 필요하면 말해." 이때 그 무엇도 제안하거나 암시해서는 안 된다. 부루퉁하게 말하면서 내가 말은 안 해도 지금 뭐가 필요한지 제일 잘 알고 있다는 티를 내도 안 된다. 그냥 도움이 필요하면 말해달라고만 하자. 그리고 정말로 도움이 필요하면 상대방이 먼저 말할 거라고 신뢰하자.

자신과 타인을 신뢰하는 법을 기른다

신뢰 얘기가 나왔으니 말인데 통제를 통해 마음의 평화를 찾으려는 사람은 자신과 타인을 신뢰하지 못한다. 그렇지 않다면 매사에 자기 방식을 관철하려 들 필요가 없다. 통제욕이 강한 사람들

211

은 심리가 불안정하고, 통제권을 잃는다는 생각만 해도 간이 철렁한다. 이들은 자신의 감정, 능력, 결정은 물론이고 본능조차 믿지 못한다.

자기신뢰라는 게 어려운 주제처럼 느껴질 수 있다. 내 고객들도 자기신뢰라고 하면 당혹감을 내비치는 경우가 많다. 자, 그럼 먼저 자기신뢰가 무엇인지부터 얘기해보자.

* 자신이 내리는 결정이 현재로서는 좋은 결정이라 믿고, 나중에 '잘못된' 결정이었다고 생각하게 되는 상황이 올지라도 귀중한 교훈을 얻을 수 있을 거라 믿는 것.
* 인생이 자기 앞에 무엇을 던져놓을지라도 하늘이 지켜주고 있다고 믿는 것.
* 결과에 대한 집착을 버리고 설사 일이 뜻대로 돌아가지 않아도 할 일을 했다는 것에 자부심을 느끼고 괜찮다고 생각하는 것.

자신감은 머리에서 나오지만 자기신뢰는 가슴에서 나온다. 당신은 A와 B 두 가지 중 하나를 선택해야 한다. A는 이론적으로 흠잡을 데가 없다. 지금까지 입수한 정보를 종합해보면 A를 선택하는 게 좋다. 하지만 B를 선택해야 할 것 같은 직감을 떨쳐버릴 수가 없다.

이럴 때 어떻게 하겠는가?

누구나 살면서 직감을 무시하는 선택을 했다가 결국 직감이 옳았음을 깨달은 적이 있을 것이다.

그렇다고 남의 조언에 완전히 귀를 닫고 필요한 정보도 수집하지 말라는 소리는 아니다. 그런 것이 중요한 만큼 내면의 목소리를 듣는 것도 중요하다는 말이다. 직감을 믿기 시작하면 직감이 항상 내 편이라는 증거가 점점 많아지면서 자기신뢰가 강해진다. 자기신뢰가 강해지면 모든 걸 통제해야 한다는 압박감이 줄어들 것이다.

이미 수많은 실수를 저지른 자신을 어떻게 신뢰하느냐고 반문할 수도 있다. 사실 예전의 나도 그런 생각을 했다. 그런데 생각해보면 우리는 일부러 직감과 반대되는 선택을 하고, 아예 직감을 느끼지 못하고, 스스로를 의심하고, 다른 사람에게 상담을 요청해서 내가 올바른 선택을 하고 있다고 인정을 받으려 하지 않던가? 그렇게 자신에게 기회를 주지 않았으니 사실상 자기신뢰란 게 존재한 적도 없는 셈이다.

자기를 신뢰하는 법을 배우기 위해 중요한 요소 중 하나가 혼자서 고요히 시간을 보내는 것이다. 자기가 가만히 있으면 큰일이라도 나는 것처럼 여기저기 쑤시고 다니면서 독재자처럼 굴어서야 직감의 소리를 들을 수도 없고 자신을 신뢰하는 법을 배울 수도 없다. 솔직히 나도 고요히 혼자 시간을 보내려고 하면 물이 가득 찬 욕조에 빠진 고양이처럼 안달이 나고 얼른 뛰쳐나가고 싶어서 미칠 것 같다. 고요함 속에 있자면 불확실함이 더 크게 느껴지고, 시간을 낭비하고 있다는 느낌이 들기도 한다. 하지만 내가 분명히 말하는데 그것 말고는 방법이 없다. 명상, 요가, 자연에서 시간 보내기 등으로 고요함 속에 머무를 때면 내면의 깊은 곳에서 더 현명한 자아를 길어 올릴 수 있다. 처음부터 크게 시작하지 말고 하루에 5분씩이라도 연습하면 무척 도움이 된다.

자신의 문제에 관심을 기울인다

통제욕을 놓아버리는 데 도움이 되는 또 한 가지 기법은 자신의 문제를 마주할 수 있도록 도움을 받는 것이다. 앞에서 언급했다시피 상습적으로 타인을 통제하려 드는 사람들은 사실 자기 삶에 도사리고 있는 고통을 필사적으로 피하고자 그렇게 한다. 남에게 도움을 주면 기분이 좋아지니까 남의 일에 간섭하면서 자기 삶의 골칫거리를 외면한다. 그러면 귀한 사람이 된 것 같고 삶에 목적이 생긴 것 같은 기분이 든다. 하지만 대부분은 자기 기분을 좋게 만들기 위한 거짓 상상에 불과하다.

그런다고 고통, 고민, 불편, 어색함, 공포 등 우리를 불쾌하게 만드는 요인이 사라지진 않는다. 타인을 통제하고, 내 방식을 강요하고, 부탁하지도 않은 조언을 남발하고, 사사건건 간섭하는 건 내 인생의 진창을 마주할 시간을 미루는 짓이다. 혹시 원가족과 관련된 문제가 있는가? 그렇다면 전문가에게 상담을 받자. 혹시 해소되지 않은 트라우마가 있는가? 우리 모임에 들어온 것을 환영한다! 트라우마 치료를 받거나 관련 서적을 읽자. 혹시 사람들과 의사소통이 원활하게 잘 안 되는가? 이 또한 여러 방면에서 도움을 받을 수 있다.

겁이 나더라도 내면을 깊숙이 들여다보자. 그 안에 있는 것에 우리를 자유롭게 할 힘이 있다. 통제욕을 놓아버리면 원만한 대인관계 속에서 더 즐겁고 행복하게 살 수 있다.

어려워도 답해야 할 질문

· 통제 행동이 삶에 부정적인 영향을 미치고 있진 않은가? 그런 행동이 과도하진 않은가?
· 통제욕을 내려놓으면 어떤 일이 일어날 것 같아서 두려운가?
· 현재 자신을 얼마나 신뢰하고 있는가? 어떻게 하면 자기신뢰를 높일 수 있겠는가?
· 통제 행동을 끊기 위해 그 밑바탕을 파헤치면 무엇이 나올 것 같은가?

11장

하늘이 무너져도
솟아날 구멍은 있다

파국적 사고 대비하기

비극의 절벽에서
몸을 던지는 사람들

〰〰〰

　파국적 사고? 그게 무슨 국 끓여 먹는 거냐고? 아니, 우리 여자들의 기분을 개떡같이 만드는 습관의 이름이다.

　파국적 사고란 예를 들면 이런 것이다. 지금 인생이 끝내주게 잘 풀리고 있다고 해보자. 직장도 좋고, 대인관계도 순항 중이고, 은행 예금도 착착 쌓여간다. 그런데 불현듯 '이런 상황이 오래갈 리 없어. 이게 언제 다 무너질까?'라고 생각하는 것이다. 아니면 몇 개월간 노력한 끝에 드디어 아이가 생겼는데 자꾸만 인터넷 검색을 하며 언제 유산이 될까 걱정을 한다.

　나 역시 지금도 가끔 파국적 사고를 한다. 아이들이 건강하고 행복하게 자라고 있고, 부부관계도 좋고, 사업도 잘되고, 좋은 친구들도 있고, 인생이 잘 풀리고 있는데 나도 모르게 '이렇게 좋은 것 중에 뭐 하나라도 끝장날 날이 언제일까?'라고 생각한다. 솔직히 내 장례식까지 구체적으로 계획했던 적이 얼마나 많은지 모른다. 음악은 무엇으로 하고, 고별사는 누가 하며, 심지어는 누가 장례식에 안 올까도 생각했다. 아이들이 불치병에 걸리거나 납치되는 것도 생각해봤다. 그러면서 과연 우리 부부가 그런 비극을 견딜 수 있을지, 내가 다시 술에 손을 대진 않을지 걱정했다.

마치 내 지갑 속에 있는 행복 쿠폰의 만료일이 코앞으로 다가와서 임박한 재앙에 대비라도 해야 하는 것처럼 말이다. 누가 빨리 내 앞에 바리케이드 좀 쳐줘요!

이런 파국적 사고는 괜히 비극을 예행연습하는 것과 같다. 많은 여성이 이런 습관을 갖고 있으면서도 거의 인지하지 못한다. 이게 자신에게 얼마나 나쁜 영향을 미치는지도 모른다. 파국적 사고자들은 일이 잘 풀려도 비극을 예행연습하느라 불안에 떨기 때문에 인생의 좋은 것을 느긋하게 즐기지 못한다. 어떻게 기쁨을 받아들여야 하는지 모른다.

뉴욕에 사는 30세의 니샤가 그랬다.

나는 직장생활과 사생활에서 파국적 사고에 시달리고 있다. 조금이라도 행복하다 싶으면 마음속 깊은 곳에서 뭔가가 나를 끌어당기며 기쁨을 만끽하지 못하게 만든다. 최근에 평생 같이 살아도 되겠다 싶은 남자를 알게 됐지만 왠지 그런 상황이 너무 불편해서 자꾸만 우리 사이가 어떻게 끝장날지, 왜 멀어지게 될지 생각하고 그럴 기미가 보이진 않는지 신경을 곤두세우게 된다. 이런 걱정을 하는 이유 중 하나는 기쁨과 즐거움을 느끼는 게 낯설고 이질적이기 때문이다. 나는 파국적 사고를 하면서 사는 법만 알지, 기쁨을 받아들이면서 사는 법은 모른다.

가만히 앉아서 지금 남자친구와의 관계가 얼마나 좋은지 생각해보면 뭔가 아주 강렬한 기분이 들면서 덜컥 겁이 난다. 마음속 깊은 곳에서 나는 그런 걸 누릴 자격이 없다고, 결국 다 잃어버릴 거라고 생각하고 있기 때문이다. 내가 그 기쁨을 받아들인다면 나중에 그걸 잃었을 때 더 큰 상처를 받을 것만 같다.

참 신기하게도 대부분의 여자들이 기쁨을 느끼는 걸 진심으로 불편해한다. 분명히 행복을 추구하면서도 사랑, 만족감, 안정감이 한데 어우러진 감정으로 가슴이 벅차오르면 그 '진정한 기쁨' 앞에서 지레 겁을 집어먹는다. 니샤의 말처럼 마음 한구석에 결국 나쁜 일이 일어날 거란 믿음이 도사리고 있기 때문이다. 우리는 실망감과 실패감에 익숙하고 심지어 슬픔에 익숙하기 때문에 기쁨을 온전히 받아들이는 걸 위험한 일로 여긴다. 그건 금방이라도 부서질 듯이 낡은 사다리를 오르는 일과 같아서 더 올라가면 추락할 것만 같은 기분이 든다. 기쁨의 사다리를 높이 올라갈수록 위험도 커지고 마침내 떨어졌을 때 입을 상처도 더 커진다고 생각한다. 그래서 고통을 피할 수 없을 바에야 사다리를 한두 칸만 오르거나 아예 오르지 않는 게 안전하다고 판단한다. 말하자면 '몰빵'

은 안 된다는 것이다. 지금 받아들이는 기쁨의 분량을 조절하면 최종적으로 느끼게 될 고통의 분량을 조절할 수 있다고 생각한다.

이처럼 많은 여자들이 기쁨과 행복을 견디기 어려워한다. 기쁨과 행복 때문에 불안감을 느끼기도 한다. 몸에 맞지 않는 옷을 입은 것처럼 불편해서 아예 기쁨을 피하려고 한다. 기쁨을 외면하면 그만큼 위험에 적게 노출된다고 생각한다.

하지만 그런 생각의 밑바닥을 들춰보면 진짜 문제가 드러난다. '내가 뭐라고 이런 사랑과 행복을 다 누린단 말이야? 내가 뭐라고 나를 있는 그대로 받아주고 사랑해주는 사람들과 어울릴 자격이 있단 말이야? 만약 그 사람들이 내가 얼마나 결점 많은 인간인지 알게 되면? 그래도 계속 나를 받아주고 사랑해줄까?'

혹시 이런 생각이 익숙하게 느껴지진 않는가? 아마 그럴 것이다. 대부분이 그런 걱정을 하며 살기 때문이다. 당신은 이 세상에 존재하는 것만으로도 아름답고 좋은 것을 누릴 자격이 충분하다고 말하긴 솔직히 쉽다. 하지만 정말로 그런 것을 모두 누릴 수 있으려면 당신의 머릿속에서 '이건 위험해! 도망쳐!'라고 외치는 목소리에 대항할 수 있어야 한다. 그럴 수 없다면 절대로 기쁨을 만끽할 수 없다.

감사는 파국적 사고를
막는 열쇠가 된다

〰〰〰

파국적 사고를 끊는 것은 때로 스스로를 고통으로부터 보호하기 위해 만들어놓은 안전망을 포기하는 것처럼 느껴진다. 이 습관에서 벗어나기 위한 걸음마를 뗄 때 아주 중요하게 짚어봐야 할 것과 실천해야 할 것이 있다.

감정의 도화선 알아채기

언젠가 여름에 남편 제이슨과 말다툼을 벌였다. 전혀 예상치 못한 일이었기 때문에 나는 머리를 좀 식힐 겸 집을 나왔다. 차를 몰고 가다가 나도 모르게 이런 생각에 잠겼다. '제이슨은 날 떠날 거야. 그러면 우리 집을 팔아야겠지. 애들은 나 혼자 키워야 할 테고. 그러면 이제 어디서 살아야 할까? 애들한테는 뭐라고 말하지?' 나는 불과 몇 분 만에 혼자 애들을 키우며 살 계획을 다 세웠다. 그냥 말다툼만 했지, 제이슨이 이혼하자는 말을 입에 올리긴커녕 그런 뜻을 넌지시 비친 것도 아닌데 머릿속으로 얼토당토않은 얘기를 지어내고 거기에 푹 빠진 것이었다.

그때 내 안에서는 두 가지 현상이 일어나고 있었다.

첫째, 나는 실제로 일어난 사건을 돌아보거나 그로 인해 일어나는 감정을 그대로 느끼기보다는 향후 계획을 세우고 상황을 통제하는 것이 더 쉽고 안전하다고 느꼈다.

둘째, 내 도화선에 불이 붙었다. 앞서 자신의 도화선을 아는 게 중요하다고 말했는데, 파국적 사고라는 습관을 고치기 위해서도 역시 자신의 도화선을 알아차릴 수 있어야 한다.

사실 내 얘기와 같은 일은 흔히 있는 일이다. 지금까지 살면서 누군가에게 차이거나 거부당하거나 버림받은 적이 한 번도 없는 사람? 아마 거의 없을 것이다. 그럴 때 받은 마음의 상처는 오랫동안 가시지 않는다. 그래서 또 거부당할 조짐이 눈곱만큼이라도 보이면 멸망의 시나리오를 쓰기 시작한다. 뇌에 대한 연구 결과를 보면 이는 정상적인 반응이니 자책하진 않았으면 좋겠다. 우리는 자기도 모르게 이런 머릿속의 시나리오 제작소로 들어간다. 하지만 우리가 진정으로 통제할 수 있는 건 도화선에 불이 붙은 걸 알았을 때 어떻게 반응할 것이냐 하는 것이다.

그날 내가 정신줄을 놓고 얼토당토않은 얘기들을 지어내고 있다는 걸 알아차린 후 나는 그게 내가 싼 똥이란 걸 인정했다. 해묵은 상처가 벌어져서 그랬다는 걸 알게 되자 정신이 한결 맑아졌다. 그래서 남편과 다시 얘기하게 됐을 때 한층 명료하게 행동할 수 있었다.

혹시 자기도 모르게 최악의 시나리오를 쓰는 우를 범하고 있는 걸 알아차렸다면 해묵은 상처가 도화선으로 작용한 건 아닌지, 온갖 정신 나간 얘기를 지어내고 있는 건 아닌지 확인해보자.

감사를 훈련하기

감사 연습이야 언제고 좋은 것이지만 특히 파국적 사고를 할 때 좋은 탈출 수단이 된다. 어쩌면 당신은 이미 날마다 가장 감사한 일을 세 가지씩 기록하고 있을지도 모르겠다. 그렇다면 분명히 잘하고 있는 것이지만 거기서 한 걸음 더 나아가기를 권하고 싶다. 솔직히 말해서 그 정도로는 궁둥이를 반쪽만 걸친 수준밖에 안 되기 때문이다. 출발점으로는 좋지만 이제는 강도를 좀 더 높여야 할 때다.

많은 여성과 얘기해본 결과, 나는 다음과 같은 결론에 이르게 됐다.

1. 파국적 사고자는 어둠을 너무나 잘 알기 때문에 어둠을 당연시한다. 실망, 상심, 자격지심, 슬픔, 절망 등에 워낙 익숙하다 보니까 언제고 그런 감정에 레드카펫을 깔아주는 것이다. 좋은 소식은 원

래 감사와 기쁨이란 게 그와 반대되는 감정을 겪어본 후에야 느낄수 있다는 것이다. 빛을 느끼려면 어둠을 알아야 한다. 그러니까 당신은 이미 그곳에 반쯤 도착한 셈이다.

2. 감사를 연습해야 하는 데는 다 이유가 있다. 이 장은 물론이고 이 책 전체에서 말하는 기법들은 모두 꾸준한 연습이 필요하다. 내가 안무 연습 한 번 하고 비욘세의 투어에 백댄서로 기용될 리는 없지 않은가. (응? 꿈꾸는 건 자유잖아요?) 연습하고 또 연습하고, 그러다 뜻대로 되지 않아 마음고생도 하고 다 때려치울까 고민도 하고, 그러다 좀 나아지고, 또 연습하고……. 감사로 파국적 사고에서 벗어나는 과정도 그와 마찬가지다.

3. 감사는 사소한 순간, 때로는 별 의미 없어 보이는 순간에도 연습할수 있다. 사랑하는 사람과 함께 산책을 나서는 순간, 반려묘나 반려견과 살을 맞대는 순간, 아침에 일어나서 커피 한 모금을 넘기는 순간, 자녀가 웃는 소리를 듣는 순간처럼 일상에서 맞는 사소하기 짝이 없는 순간도 아주 잠깐이나마 멈춰서 주의를 기울이면 환희의 순간이 될 수 있다. 환희의 순간은 타인과의 관계에서 많이 생기지만 홀로 있는 순간 역시 행복한 순간이 될 수 있다.

만약 이런 사소한 순간에 감사한 마음을 느끼다가 불현듯 '이 모든 게 잿더미가 돼버리면 어쩌지?' 하는 생각에 소름이 쫙 돋는다면 자신이 그런 파국적 사고를 하고 있다는 걸 자각하자. 일단 자각하면 자연스럽게 다음 단계로 이어진다.

4. 파국에 휩쓸리지 않도록 계속 주의를 기울여야 한다. 앞에서 소개한 니샤의 사연을 생각해보면 그녀에게 남자친구와의 관계가 어떻게 끝날지 그만 생각하라고 해봤자 당장 어떤 효과를 기대하긴 어렵다. 파국의 시나리오를 쓰는 게 몸에 뱄기 때문이다. 하지만 다행히 그녀는 자신이 그렇다는 걸 잘 알고 있다. 내가 그녀에게 해주고 싶은 말은 자신이 지금 누리고 있는 것이 모두 무너져버리면 어쩌나 하는 생각을 하고 있다는 사실을 계속 자각하면서 조금씩 감사하는 연습을 하라는 것이다.

예를 들면 자신이 남자친구의 목소리나 미소를 얼마나 사랑하는지, 또는 자신의 직업을 얼마나 좋아하는지 생각해보는 것이다. 그러다 보면 또 잠시 좋아하는 직업을 잃게 되면 어쩌나 하는 생각이 들 테지만 그 역시 자각하고 또 자각하며 한 걸음씩 앞으로 나아갔으면 한다.

5. 매일 아침에 잠자리에서 나오기도 전에 우리는 하루를 공포 속에서 살 것인가 기쁨 속에서 살 것인가를 결정한다. 아침에 일어날 때마다 잠이 부족하다고 생각하진 않는가? 아침을 먹으면서 그날 장볼 것을 생각하면 돈이 부족할까 봐 걱정이 되진 않는가? 출근

을 할 때 회사에서 일할 시간이 부족하면 어쩌나 싶진 않은가? 그
렇다고 그 무엇도 부족하지 않다고 거짓말을 하라는 소리는 아니
다. 내 말은 그런 생각을 하고 있다는 걸 자각하자는 뜻이다. 부족
한 것만 생각하다 보면 시도 때도 없이 개떡 같은 기분이 된다. 그
러니 생각이 그쪽으로 치우치지 않게 연습을 해보자.

예를 들어 출근하면서 프로젝트를 수행할 시간이 부족하다는 생
각이 든다면 '시간이 부족해 / 우리 팀장은 진짜 또라이야 / 어휴,
거지 같네' 같은 생각으로 속 끓이지 말고 생각의 방향을 바꿔보
자. 지금 시간이 부족하다는 생각을 하고 있다는 걸 자각하고 회
사에서 무엇을 통제할 수 있는지 생각해보자. 만약 회사에서 시간
을 '전혀' 통제할 수 없거나 현 상황을 변화시킬 방법이 없다면 시
간 부족에 대해 걱정해봤자 부질없는 짓이다. 머릿속으로든 입으
로든 불평을 해봤자 소용이 없고 기분만 꿀꿀해진다. 자신이 부족
함만 생각하며 산다는 걸 먼저 자각해야 비로소 감사 연습이 가능
하다. 그래야 그런 생각에서 벗어나 자기 삶에서 다른 멋진 것에
집중할 수 있다.

6. 나의 기쁨과 감사는 절대로 타인에게서 나오지 않는다. 누군가가
   내 기분을 좋게 만들어주고 감사할 거리를 만들어주기만 기다린
   다면 아주 오랜 시간이 걸릴 것이다.
   세상 누구도 당신의 '기쁨조'로 자원하지 않았다. 자녀도, 파트너

도, 직장도 당신을 기쁘게 할 의무가 없다. 심지어는 반려견도 그런 의무가 없다(물론 그쪽 방면으로 꽤 소질이 있긴 하지만). 당신의 기쁨은 오롯이 당신의 책임이다.

내가 얼마나 운 좋은 사람인지
알고 싶다면 기뻐하라

〰〰〰

아만다는 파국적 사고의 대가였다. 그녀는 뭔가 힘든 일이나 나쁜 일이 생길라치면 대번에 알아차리고 전전긍긍하면서 반대로 기쁘고 좋은 일은 거들떠보지도 않았다. 나는 그녀에게 의도적으로 기쁨 속으로 걸어 들어가라는 과제를 내줬다. 무슨 말인가 하면 그녀와 가장 가깝고 그녀를 아끼는 게 분명한 몇몇 친구에게 메일을 보내서 그녀를 좋아하는 이유를 딱 두 문장으로 적어서 보내 달라는 부탁을 하도록 했다. 과제를 받은 아만다는 내가 전국의 공중화장실을 싹 다 청소하라는 말이라도 한 것 같은 표정이었다. 친구들에게 그런 부탁을 하는 것은 물론이고 그런 답장을 읽는다는 생각만 해도 심란하기 짝이 없었다.

내가 이런 과제를 내준 것은 아만다의 허파에 바람을 넣기 위해서가 아니라 아만다가 그런 종류의 기쁨을 잘 느끼지 못하기 때문이었다. 비극의 예행연습을 하는 사람들은 타인의 인정, 칭찬, 애정 어린 감사를 도무지 받아들일 줄 모른다.

그리고 이 과제는 그냥 메일을 보내고 답장을 대충 쓱 훑어보면 그만인 일이 아니었다. 나는 아만다가 친구들의 답장을 찬찬히 읽으면서 그 속에 담긴 애정 어린 말을 모두 음미하기를 바랐다. 그 선물을 모두 받아들이기를, 불편함 뒤에 오는 기쁨을 수용하기를 바랐다. 파국적 사고가 만성화된 이들에게는 이런 연습이 필요하다. 우리는 사랑과 행복을 훌쩍 건너뛰고 자신의 약점이나 앞날을 부정적으로 전망하는 데 집중한다. 그래서 의도적으로 기뻐하고 즐거워하는 연습이 필요하다.

아만다는 과제를 실행에 옮겼고 그녀의 바람과 달리 친구들은 기꺼이 답장을 보내왔다. 그것도 대부분이 두 문장 이상으로 말이다. 아만다는 가만히 앉아서 그들의 답장을 읽기가 어려웠다고, 내면의 비판자가 많은 말을 쏟아냈다고 했다. 하지만 끝끝내 다 읽고 나자 사랑과 기쁨이 자신의 성장, 자신감, 자기애에 어마어마한 영향을 미친다는 걸 체감하고 과제를 하기 정말 잘했다고 생각했다.

혹시 당신도 아만다와 같은 상태라면 똑같이 해보기를 권한다. 좀 더 간단히 하고 싶으면 다음번에 누군가가 칭찬을 하거나 감사인사를 할 때 얼렁뚱땅 넘기지 말고 잠깐 멈춰서 그것을 마음에 온전히 받아들이겠다고 다짐하자.

끝끝내 붙들어야 할 기쁨

혹시 당신도 파국적 사고의 대가이거나 기쁨 회피의 전문가라면 기쁨을 마다하며 살아온 세월이 너무나 길어서 도대체 진정한 기쁨이란 어떤 느낌인지 잊어버렸을지도 모른다. 진정한 기쁨은 우리가 숨을 헐떡대고 무릎을 꿇게 만든다. 진짜인 줄 알면서도 꿈인지 생시인지 볼을 꼬집어보게 한다. 시간이 멈춘 것 같은 순간을 선사한다.

기쁨은 피부로만 느끼는 게 아니다. 기쁨은 온몸의 뼈와 세포를 울린다. 우리는 모두 그런 기쁨을 느낄 능력이 있다.

기쁨은 가슴이 터질 것만 같은 기분이 들게 한다. 기쁨을 만끽하려면 불편하더라도 그런 기분을 있는 그대로 느끼고 좀 더 오랫동안 느껴야 한다. 자신이 비극을 예행연습하고 온갖 변명을 만들어내며 기쁨을 밀어내려 한다는 걸 알아차리고 끝끝내 기쁨을 붙들고 있어야 한다.

내가 몇몇 동료에게 기쁨이 무엇인지 설명해달라고 했을 때 유방암이 재발해 항암치료를 받고 있던 미셸이 이렇게 말했다. "기쁨은 너무 행복해서 가슴이 터질 것만 같은 기분이야. 내 인생을 둘러보면서 내가 오지게 운이 좋은 인간이라는 걸 깨닫는 거지. 아무리 내 앞에 개떡 같은 게 날아들었다고 해도 말이야. 예를 들면, 그래, 암 같은 것 말이야."

당신도 인생을 둘러보며 진정으로 기쁨을 느끼고 있는지, 아니면 너무 위험하다고 생각해서 밀어내고 있는지 생각해봤으면 좋겠다. '안전'을 유지하느냐, 아니면 기쁨을 누리느냐는 당신의 선택에 달렸다. 기쁨은 우리가 그것을 받아들일 준비가 됐을 때 인생이 주는 선물이다. 기쁨을 누리고 못 누리고는 전적으로 자신의 책임이다. 불편하더라도 스스로 선택해야 할 일이다.

어려워도 답해야 할 질문

- 혹시 파국적 사고를 하고 있다면 무엇에 대해 가장 많이 하고 있는가?
- 비극의 예행연습에 탐닉하면서 피하려고 하는 감정은 무엇인가?
- 파국적 사고의 도화선은 무엇인가?
- 어떤 식으로 감사 연습을 하고 있는가? 아직 연습하고 있지 않다면 앞으로 어떻게 하기로 다짐할 수 있겠는가?
- 진정한 기쁨을 느끼는 것을 허락하고 있는가? 만일 아니라면 앞으로 어떤 노력을 기울일 의향이 있는가?

12장

네 탓이 아냐,
내 탓도 아니고

단절로 가는 급행열차 내리기

내 문제를 다른 사람의 문제로
착각하지 마라

〰〰〰

'모두 그 인간 잘못이야.'

아, 그렇게 생각하니 기분이 참 좋다, 그치? 때로는 남 탓을 하는 게 포근한 담요처럼 느껴진다. 껄끄러운 상황이 닥쳤을 때 쏙 들어갈 수 있는 담요 말이다.

어떤 사람들은 남 탓을 방패막이로 사용하면서 그 덕에 상처를 입고 체면을 구기는 일을 피할 수 있기를 바란다. 남 탓을 하면 책임을 덜 수 있다. 마음이 한결 편해진다. 남 탓을 하면 진짜 문제와 씨름하지 않고 당장 눈앞에 있는 사람이나 상황만 공격하고 넘어갈 수 있다. 남 탓을 할 때 우리는 승자가 된 기분을 느낀다.

남 탓을 하면 자신의 문제를 외면할 수 있다. 나는 오랫동안 남 탓 성애자로 살았다. 첫 번째 결혼에서 모든 것을 남편 탓으로 돌렸다. 물론 그가 나를 존중하지 않고 내게 지랄 같은 짓을 좀 한 건 사실이지만, 당시 나는 나 자신의 문제를 전혀 돌아보지 않았다. 상담사가 처음으로 내 잘못을 지적하고 개선 방안을 얘기했을 때 어안이 벙벙하고 모욕을 당한 기분이었다. 아니, 전부 저 인간 잘못 아냐? 저 인간이 정신을 차리고 지가 싼 똥을 치워야 우리 문제가 다 해결되는 거 아냐? 도무지 납득이 안 갔다. 나는 남편 때문에 상처를 받았고 모든 게 남편 탓이라고 확신했다.

지금 와서 생각해보면 내가 그에게 화가 났던 건 나에게 상처를 줬기 때문만이 아니라 바뀌려고 하지 않기 때문이었다. 나는 제발 그가 바뀌기를 바랐다. 한편으로는 내가 원치 않는 기분을 느끼는 것 때문에 그를 탓했다. 나는 분노를 느끼고 싶지 않았다. 두려움과 좌절감도 느끼고 싶지 않았다. 우리가 함께한 세월이 쌓일수록 남편 탓으로 쌓은 탑이 점점 더 높고 단단해졌다.

누군가를 탓하면 우리는 그 사람과 공감하고 결속할 수 없다. 남을 비난하고 원망하면 그 사람의 기분을 인정하지 않게 된다. 공감하는 자아가 발현되지 않으면 결속 능력도 사라진다. 남을 탓하면 그런 게 다 불가능해진다. 예를 들어 친구가 10대 아들에 대한 고민을 털어놓았다고 해보자. 아들이 파티에 가서 약물을 복용하는 걸 알게 됐다는 친구의 말에 "음…… 너희 부부가 이혼한 게 큰 상처로 남아서 그렇게 행동하는 것 아닐까?"라고 대답한다면?

헉?! 이렇게 우리는 타인의 아픔을 함께 느끼고 공감을 표하기가 어려울 때가 종종 있다. 그보다는 다른 사람이나 다른 무언가를 탓하는 게 훨씬 쉽게 느껴진다. 일부러 피도 눈물도 없는 인간처럼 굴려고 그러는 게 아니라 좋은 뜻으로 돕고 싶지만 친구의 고민을 감당하기 어려울 때가 있는 것이다. 내 자식이 같은 상황에 처했다고 생각하기가 무서워일 수도 있고, 어떤 말을 해야 할지, 어떻게 도와야 할지 몰라서일 수도 있다. 그러니까 그냥 편하게 남 탓을 해버리는 것이다.

자신이 언제 남 탓을 하는지 잘 알아두는 게 좋다. 나는 부부관계와 연애에서 남 탓을 많이 했는데 당신도 그렇게 중요한 영역에서 남 탓을 하고 있을 수 있다. 그런가 하면 친구가 고민을 털어놓았을 때처럼 자신과 직접적인 관련성이 적은 일에서 남 탓을 하고 있을 수도 있다. 어느 쪽이든 간에 남 탓이 슬그머니 고개를 드는 때가 언제인지 아는 게 중요하다.

남 탓을 하게 되는 상황 파악하기

남 탓을 하는 것도 습관이 되면 끊기가 어렵다. 그런 습관을 극복하려면 자기 인생에 대한 책임을 지려는 자세가 필요하다. 그렇다고 남들이 망나니짓을 해도 눈감아주라는 말은 아니다. 돼먹지 못한 짓을 저지른 인간에게는 당연히 책임을 물어야 한다. 내가 하고 싶은 말은 혹시 진심으로 남들이 지랄을 그만 떨어야만 자신이 행복해질 수 있다고 믿고 있다면 그렇게 원망하는 마음을 놓아버리는 법을 배워야 한다는 뜻이다. 설사 모든 게 다른 사람 탓이라고 믿더라도 내 쪽에서도 개선할 부분이 있기 마련이다.

일단은 남 탓을 하게 되는 상황을 파악해야 한다. 예를 들어 당신은 자꾸만 사람들에게 상사에 대한 불평을 늘어놓고 있을지도 모른다. 정작 상사와는 그에 대한 얘기를 하지 않으면서 말이다. 남 탓을 하는 행동을 직시하려면 자신의 약한 모습을 받아들여야 하는데 그게 편할 리 없다. 그래서 그냥 남 탓을 해버린다. 하지만 자부심이나 행복을 느끼는 데는 일절 도움이 안 된다.

자, 이번에는 자신이 어떤 상황에서 사람들의 말에 귀를 기울이기가 어려운지 생각해보자. 10대 아들에 대한 친구의 고민을 들은 사례를 보면 때때로 우리가 헛다리를 짚어도 단단히 짚을 수 있다는 걸 알 수 있다. 친구가 직접적으로 의견을 물어온다면 모를까, 그 친구는 탓할 사람을 찾고 있는 것도 아니고 그 문제를 해결할 방법을 조언해줄 친구를 찾고 있는 것도 아니다. 다만 누군가가 자신의 얘기를 들어주고 고통을 헤아려주길 바라고 있을 뿐이다. 물론 이건 말하는 사람만 아니라 듣는 사람에게도 불편한 상황이다. 하지만 사람과 사람 사이의 정이야말로 당신을 포함해 모든 사람의 개떡 같은 기분을 씻어주는 특효약이다. 친구의 고통을 견뎌내려면 불편한 마음을 감수해야만 한다.

때론 내 감정에 책임을 질 용기가 필요하다

~~~~~~

혹시 인생에서 돌아봐야 할 게 있긴 않은가? 해결하지 않고 남 탓만 하며 외면하는 게 있긴 않은가?

아직 해결되지 않은 유년기와 가족의 문제가 남 탓을 하는 습관을 부추기는 경우가 많다. 흠, 이런 말을 하면 인상을 팍 쓰면서 '아니, 내 나이가 벌써 마흔인데 그런 걸 굳이 뭐 하러 따진단 말이야?'라고 생각할지도 모르겠다. 그런데 따져볼 필요가 있다. 우리가 친구를 사귀고 연애를 하고 결혼을 할 때 그런 해묵은 앙금이 영향을 미치기 때문이다.

유년기나 과거의 관계에서 비롯된 문제를 돌아볼 때 주의할 점은 그와 관련된 사람들이 이제 와서 자신의 행동에 대한 책임을 인정할 거라고 기대하면 곤란하다는 것이다. 우리로서는 그쪽에서 사과하고 매듭을 푸는 게 마땅하다고 생각할지라도 세상일이다 그렇게 원만하게 풀리진 않는다. 오히려 사과하고 용서를 구하지 않는 경우가 많다. 그렇다고 계속 그 사람을 원망해봤자 우리만 피해의식에 발목 잡혀 성장이 막힐 뿐이다.

그리고 우리는 때로 화가 나는데 어떻게 표출해야 할지 몰라 속으로 원망만 하는 경우도 있다. 남을 탓하고 원망하는 건 수동적으로 분노를 표출하는 것이다. 겉으로 잘 드러나지 않고 공격성도 덜하지만 내면에서는 분노가 부글부글 끓어오른다. 그러다 그 원망의 도가니가 쏟아지는 날에는 눈앞에 있는 사람의 잘못에 대해서만 말하는 게 아니라, 다른 사람 때문에 화가 난 것까지 끌어와서 고래고래 화풀이를 하는 사태가 발생한다.

(참고로 다른 사람이 내 말을 들어주기를 바랄 때 왈칵 성을 내는 건 효과적인 방법이 아니다. 우리가 길길이 날뛰는데 저쪽에서 "어머! 나한테 고함쳐줘서 고마워. 이제 네 피드백을 듣고 좀 바뀌어볼까"라고 말할 리 없다.)

하지만 나는 성을 내는 것, 더 나아가 격노를 터트리는 것도 나름의 기능이 있다고 생각한다. 그런데 사람들과 얘기해보면 그런 걸 좋아하는 사람은 거의 없다. 어떤 사람은 어릴 때 부모님이 버럭 화를 내는 게 무서웠다고 하고, 또 어떤 사람은 자기가 화를 내고 폭발하면 이성을 잃을까 무섭다고 한다. 그러다 보니 분노를 억누르는 요령을 터득했다고 하는 사람이 많다.

미란다가 좋은 예다. 그녀는 바람을 피운 남편과 화해하고 힘겹게 감정의 늪을 헤쳐나가고 있었다. 당연히 남편의 내연녀에 대한 감정으로 심경이 복잡했지만 겉으로 드러내지 않았다. 내가 미란다에게 내준 과제는 내연녀에게 부치지 않을 편지를 쓰는 것이었다. 편지를 쓰면서 토씨 하나도 수정하거나 제약하지 말고 펄펄 끓는 분노를 있는 대로 다 쏟아내라고 시켰다. 파일에 암호를 걸어서 다른 사람이 절대 못 보게 하라고 했다. 미란다는 그렇게 편지를 쓰고 나서 깜짝 놀랐다고 했다. 자기가 그토록 화가 많이 나 있고 그토록 내연녀를 미워하는지 몰랐다면서 그런 마음을 끄집어내자 눈이 번쩍 뜨이면서 치유가 시작됐다고 했다.

요컨대 분노도 정당한 감정이니까 당연히 표출해야 하고 그런다고 우리가 죽거나 하진 않는다는 말이다. 어차피 분노란 건 계속 담아만 둬도 결국 제 나름의 출구를 찾아서 나오게 돼 있다. 그러니까 분노를 현 상황에 대해 알려주는 정보원으로 이용하자. 분노는 보통 상처받고 두려운 마음에서 생긴다. 그 마음속으로 더 깊이 들어가서 자신에게 지금 무슨 일이 일어나고 있는지 물어보자. 어렵게 생각할 것 없다. 분노를 자각하고 이렇게 물어보자. 누가 내게 상처를 줬는가? 나는 지금 누구에게 혹은 무엇에 화가 나 있는가? 현 상황에서 어떤 부분이 나를 화나게 하는가? 이를 알면 스스로의 가치관을 파악하는 데 도움이 되고, 경계선을 그을 필요가 있는지, 자신이 책임져야 할 부분이 있는지 파악하는 데 도움이 된다.

내가 용인하고 있는건 무엇인가

앞에서 전 남편 얘기를 했다. 당시 나는 나 자신을 돌아보기를 거부했다. 내가 내 안으로 깊이 들어가 돌아보면 그 사람을 탓하는 걸 잠깐 멈추고 우리 사이의 커다란 틈을 인정해버리게 될 것 같았다. 사실 우리 관계가 그렇게 된 건 나 자신의 문제를 꾹꾹 눌러만 놓고 해결하지 않은 나에게도 절반쯤 책임이 있었다. 어쩌면 이별만이 내 영혼을 구하는 길인 줄 알면서도 애써 모른 척했는지 모른다. 그렇게 힘겨운 결정을 내리기가 싫으니까 그냥 그 사람 탓만 했다. 그러면서 그가 변해주기를, 우리 관계를 고쳐주기를 기다렸다. 그에게 책임을 전가하면 사태가 개선되지 않아도 계속 그를 탓할 수 있었다. 말하자면 나는 이별이 너무나 두려운 나머지 진작 벗어났어야 할 관계를 용인하고 있었다.

자, 당신은 지금 무엇을 용인하고 있는가? 인생에서 무엇을 억지로 참고 있는가? 어떤 영역에서 경계선을 긋거나 이별을 택해야 하는데도 남 탓만 하며 버티고 있는가?

해법에 초점을 맞춘다

남 탓을 하는 것은 문제에 초점을 맞추는 행위다. 하지만 우리가 정말로 원하는 건 해법을 찾는 것이다(혹시 아니라면 그건 또 별도로 얘기해봐야 할 문제다). 그러니까 계속 남 탓만 하고 있는 걸 알아차렸다면 속으로 이렇게 물어보자. "이 사태를 어떻게 해결할 수 있을까?"

그 해법에는 껄끄러운 대화를 하고, 경계선을 긋고, 관계를 정리하고, 자신의 문제를 들여다보고, 감정을 있는 그대로 느끼는 것 등등이 포함돼 있다. 내키진 않겠지만 어쩔 수 없다.

자신의 행복을 스스로 책임지기 위해서는 용기가 필요하다. 남 탓만 해봐야 타인과 결속하기가 점점 더 어려워지고, 따라서 만족감과 성취감을 느끼기가 점점 더 힘들어진다. 하지만 여기서 방향을 바꿔 자신의 책임을 선언하면 최선의 모습을 발현하는 경지에 성큼 다가서게 될 것이라 장담한다.

어려워도 답해야 할 질문

- 혹시 지금 다른 사람들의 말에 귀를 틀어막고 있진 않은가? 다시 말해 사람들이 당신에게 가까이 다가오려 하는데 그들에게 이런 점을 고치고 저런 점을 개선하라고 지적하고 있진 않은가?
- 인생에서 돌아봐야 할 게 있는가? 해결하지 않고 남 탓만 하며 외면하는 게 있는가?
- 마음속에 표출되지 않은 분노가 도사리고 있진 않은가? 그렇다면 무엇이 그렇게 심기를 거슬렀는가? 어떻게 하면 그것을 건강하게 해결할 수 있겠는가?
- 인생에서 경계선을 긋거나 결별해야 하는데도 계속 용인하고 있는 것이 존재하는가? 그렇다면 이제 어떻게 할 것인가?

13장

X까 정신이면
안 될 게 없어

초강력 냉소주의 버리기

차가운 마음은 나 자신도
피폐하게 만든다

〰〰〰

요즘 새롭게 유행하는 게 있다. 당신도 이미 알고 있을지 모르겠다. 아니, 새로운 전염병을 말하는 게 아니다. 하지만 위험성으로 따지자면 그에 못지않을 것이다. 그게 뭔가 하면 SNS나 자기계발 칼럼에서 남들이 뭐라든 신경을 꺼버리자는, 이른바 'X까' 정신을 말하는 글이 많아지는 현상이다. 곳곳에서 '#그러든가 말든가'를 볼 수 있고 그런 태도가 멋있는 것으로 여겨지는 듯하다.

그런데 정말로 그렇게 산다면 어떤 일이 벌어질까?

X까 정신으로 사는 여자는 괄괄하다는 인상을 풍긴다. 사람들을 마구 밀쳐내면서 자신은 그 누구도 그 무엇도 신경 쓰지 않는다는 티를 팍팍 낸다. 그런 삶이라니 참 근사해 보이지 않는가? X까 정신으로 무장하면 다시는 상처받지 않을 수 있다고 믿는 사람이라면 더욱더 매력적으로 다가올 것이다. 자부심까지 느낄 것 같

다. 나의 독립심을 찬양하라, 하고 말이다!

그런 사람이 최근에 이별이나 이혼을 했다고 해보자. 친구가 요즘 어떻게 지내냐고 묻자 마음이 아프다고 솔직히 말하지 않고 "이제 그 인간이 뭘 하든 신경 안 써. X까라 그래!"라고 말한다.

아니면 그녀가 온라인에 그림을 올렸다가 누군가에게 전혀 소질이 안 보인다고 신랄하게 까였다고 해보자. 혹은 직장에서 회의 때 혼쭐이 났다고 해보자. 그럴 때 그녀는 친구들에게 속상한 심정을 털어놓지 않고 자기는 아무렇지 않다고, 그 인간들이 멍청해서 자기를 비판하는 거라고, 그딴 말에는 전혀 신경 쓰지 않는다고 말한다.

친구들이 선의에서 기름을 끼얹는 경우도 있다. "어머, 얘, 그 인간들이 뭐라고 하든 쥐뿔도 신경 쓰지 마! 지들이 뭐라고! 그까짓 것 하나도 안 무섭다 이거야!"

문제는 그런 여자들이 말만 그렇게 한다는 것이다. 실제로는 신경을 쓰고 속상해하면서 말이다. 그런데도 일부러 신경을 안 쓰려고, 그리고 신경을 안 쓰는 척을 하느라 시간과 에너지를 낭비한다. 이 얼마나 기운 빠지는 일인가!

그런데…… X까 정신이 정말로 그렇게 나쁜 것일까?

어디 그것을 한번 옹호해보자. 솔직히 X까 정신은 겉으로 보기에는 썩 나쁘지 않다. 그것은 요컨대 이렇게 표현할 수 있다.

"온 힘을 다해 인생을 꽉 붙들고 내가 원하는 걸 향해서 나아가

자. 남들에게 발목 잡히지 말자. 남들의 평가, 비판, 의견이 무서워서 소심하게 굴지 말자. 어차피 날 싫어할 인간들은 내가 뭘 해도 싫어할 것이다."

정말 훌륭한 마음가짐 아닌가? 나도 한편이 돼서 하이파이브를 해주고 싶을 정도다. 사람들은 우리의 아이디어, 의견, 목표, 꿈을 두고 온갖 쓸데없는 말을 하고 비판한다. 그런 것에 일희일비해서 쓰겠는가? 에잇, X까라 그래!

하지만 이런 태도에서는 흑백논리의 냄새가 진동한다. 모든 사람의 의견에 신경을 쓰거나 그 무엇에도 신경을 쓰지 않거나, 그렇게 둘 중 하나만 선택할 수 있는 것처럼 들린다. 모 아니면 도의 문화에 딱 맞는 마음가짐이다. 모든 사람의 생각과 견해를 '깡그리' 무시하는 건 건강한 행동이 아니다. 사회 규범에도 완전히 어긋난다. 그렇게 매사에 X까 정신을 실천하는 사람들을 부르는 명칭이 따로 있다.

소시오패스.

이 책을 읽고 있는 당신은 아마 그런 사람이 아닐 것이다(대부분의 소시오패스는 무의식중에 남들의 기분을 박살 내느라 바빠서 자기계발 따위에는 신경도 쓰지 않으니까). 농담이 아니라 정말로 타인에게 전혀 신경을 쓰지 않는 사람들은 정신병이 있고 타인과 결속하는 능력이 결여된 사람들뿐이다.

어떻게 감정의 균형을 맞출까

"남들이 어떻게 생각하든 신경 쓰지 마"라든가 "X까라 그래"라는 말을 들으면 그게 무슨 숭고하고 원대한 목표처럼 느껴질 것이다. 많은 사람이 그간 남들의 생각에 무척 신경을 쓰며 살아왔기 때문이다. 남들이 이러저러하게 생각하겠지 하는 추측이 행동, 선택, 생각을 비롯해 모든 것의 판단 기준이 됐다('추측'이라고 말하는 이유는 남들이 어떻게 생각하는지 확실히 알 수 있는 경우는 별로 없기 때문이다). 우리는 어떤 행동을 하고 싶지만 다른 사람들이 뭐라고 생각할지 걱정한다. 이게 어떤 느낌인지 다들 잘 알 것이다.

자, 그러면 어떻게 균형을 맞춰야 할까? 이것을 하나의 스펙트럼이라고 생각하면 좋겠다. 그 한쪽 끝에는 정말로 그 누구에게도, 그 무엇에도 전혀 신경을 쓰지 않는 미친 사람들이 있다. 문자 그대로 X까 정신의 화신들이다. 이들은 대부분 연쇄살인범이나 마약왕이지, 우리가 현실에서 어울리는 사람들은 아닐 것이다.

그 반대편에는 오만 것에 X나게 신경 쓰는 사람들이 있다. 대부분이 이쪽에 속한다. 이들은 남들이 어떻게 볼까 하는 생각을 너무 많이 하다 보니까 겁이 나서 뭐 하나 제대로 결정을 못 내리고 매사에 남들 비위를 맞추고 인정을 받으려 들면서 스트레스를 받는다.

(만일 이게 당신의 얘기 같고 그런 자신이 한심하게 느껴진다면 소속감을 원하는 게 우리의 본능이라는 사실을 기억하기 바란다. 우리는 주변 사람들이

우리를 좋아하는지, 우리를 인정하는지 확인하고 싶어 한다. 7장에서 남의 비위를 맞추려고 하는 습관에 대해 읽으면 도움이 될 것이다. 아직 희망을 버리기엔 이르다!)

그리고 그 중간지대가 바로 우리 모두가 있어야 할 곳이 아닐까 싶다. 말하자면 적당히 무시하자는 것이다. 극소수의 사람이 우리를 두고 하는 말만 진심으로 받아들이자는 것이다. 지금까지 '에이, 그랬다간 모든 사람이 날 멍청하다고 생각할 거야'라는 생각을 얼마나 많이 했던가? 그런데 '모든' 사람이라니? 그렇다면 오늘 아침에 라테를 만들어준 카페 직원도 포함되겠네? 타인의 견해를 들을 때는 우리의 세상을 좀 좁힐 필요가 있다.

내 얘기를 하자면 나는 남편이 나의 양육 방식에 대해 어떻게 생각하는지에 신경을 쓴다. 나 혼자 키우는 게 아니니까 남편의 의견도 고려해야 하는 게 당연하다. 남편의 견해에 모두 동의하진 않아도 그가 내 양육관에 대해 어떻게 생각하는지는 신경을 쓴다. 그리고 나는 절친한 동료들이 내 새로운 사업 활동에 대해 어떻게 생각하는지에도 관심이 많다. 그들은 나를 지원해주는 사람들이고, 나는 그들을 신뢰하고, 내게는 그들이 필요하다. 이런 사람들의 의견을 어떻게 완전히 무시할 수 있겠는가? 그랬다가는 정말로 소중한 사람들과 단절될 게 뻔하다. 듬직하고 힘이 되는 사람들과 끈끈한 관계를 맺지 못할 게 뻔하다. 외톨이가 될 게 뻔하다.

하지만 내가 전혀 신경 쓰지 않는 것도 있다. 이를테면 '여자면 여자답게 굴어야지' 같은 사회적 인식이다. 대부분의 사업이 5년 안에 망한다는 통계 자료도 마찬가지다. 내 글에 대한 익명의 비판에도 신경 쓰지 않는다. 그런 것에 일일이 신경 썼다면 절대로 내 꿈을 좇아 살지 못했을 것이다. 사람들이, 그것도 얼굴조차 모르는 사람들이 날 어떻게 생각할까 고민하느라 밤낮으로 끙끙 앓았을 것이다.

이제 그 차이를 알겠는가?

연예인들도 사실 완전히 무신경하진 않다

작가 글레넌 도일 멜튼(Glennon Doyle Melton)이 《사랑의 투사 Love Warrior》를 출간하고 전국 순회강연을 할 때 코미디언 첼시 핸들러(Chelsea Handler)의 토크쇼에 출연한 적이 있다. 첼시를 아는 사람들은 아마도 그녀를 X까 정신의 대표 주자로 생각할 것이다. 그녀는 항상 속에 있는 생각을 거침없이 말하고 가끔 무례를 범하는 것도 개의치 않는 것처럼 보인다.

인터뷰 중에 첼시가 글레넌의 책에서 한 대목을 읽었다.

"'글레넌, 걘 정말 남들이 뭐라고 하든 쥐뿔도 신경 안 쓰는 애 였어.' 그녀의 전 남자친구가 말했다. 글레넌은 그것이 찬사가 아니라는 것도 알았다. 그 무엇에도 신경을 쓰지 않는 여자는 사실 그 무엇에도 신경을 쓰지 않는다는 원칙을 지키려고 발버둥 치고 있는 것에 불과하기 때문이다. 이 세상에 그 무엇에든 쥐뿔도 신경 안 쓰는 여자는 없다. 세상에 그 정도로 쿨한 여자는 없다. 그저 자기 안의 불길을 숨기고 있을 뿐이다."

첼시는 이 부분을 큰 소리로 읽고 글레넌에게 말했다.

"정말 그래요. 사람들이 맨날 나한테 그러거든요. '첼시, 넌 정말 남들이 뭐라든 쥐뿔도 신경 안 쓰는 사람이야.' 근데 신경 안 쓰긴, 개뿔! 어떻게 아예 신경을 안 써요. 그냥 그런 데 신경 안 쓰려고 만날 죽어라 노력하는 거예요. 정말 진이 다 빠져요. 근데 계속 그럴 수밖에 없는 게 다들 나한테 그런 걸 기대하잖아요. 하지만 실제로는 나도 다른 사람들처럼 이것저것 신경 쓰거든요."

그 말을 듣고 나는 하마터면 의자에서 굴러떨어질 뻔했다. 첼시 핸들러, 사람들이 뭐라든 알 바 아니라는 식으로 행동해온 그녀가 사실은 자기도 신경을 쓴다고 고백한 것이다. 남들 말에 전혀 신경을 안 쓰는 특별한 유전자라도 타고난 줄 알았던 사람이 사실은 그런 데 쥐뿔도 신경 쓰지 않으려고 애쓰느라 진이 다 빠진다고 말한 것이다. 여자들이여, 이제 연극은 끝났다.

무엇을 거부할지 선택하라,
인생이 편해진다

〜〜〜

    2008년에 12년간 끊었던 글쓰기를 다시 시작했을 때가 기억난다. 처음에는 누가 읽을 거라고 생각하지 않고 될 대로 되라는 심정으로 쓰고 싶은 대로 다 썼다. 그러자 독자가 생기고 재미있다는 댓글이 달렸다. 그리고 시간이 흐르자 내 블로그를 읽고 못마땅해하는 사람도 생겼다. 그들은 내 생각에 반대하고, 내가 글 쓰는 방식을 싫어하고, 맞춤법을 제대로 지키지 않는 걸 비판했다. 그중에서 두 명은 기분 나쁘게 욕까지 했다. 내 글을 좋아하는 사람은 수천 명, 내 글을 싫다고 한 사람은 다섯 명 정도였다.

    그런데 그 몇 사람의 비판을 읽고 나자 그냥 다 때려치우고 싶어졌다. 나는 남들 생각에 너무 많이 신경을 썼다. 부정적인 말을 듣고 버틸 수가 없었다. 그냥 몇 사람의 말이었을 뿐인데도 수백만 명이 그렇게 생각하는 것만 같았다. 그래서 선배 블로거들에게 도움을 청했다.

나는 그들에게 "어떻게 버티세요? 비판을 받고도 계속 글을 올리는 비결이 뭔가요?"라고 물었다. 그때 내가 가장 많이 들은 조언은 "아예 신경을 꺼버려요. 절대로 진지하게 받아들이지 말아요. 그냥 반사해버린다고 생각해요. 쥐뿔도 신경 쓰지 말고 웃어넘기는 법을 터득하세요"였다.

으음, 그렇군요.

그런데 도대체 어떻게, 무슨 수로 그렇게 할 수 있나요? 그렇게 물으면 다들 어깨를 으쓱하며 "신경을 안 쓰려고 최선을 다해야죠"라고 대답했다. 뭐라고욧?!

아니, 세상에 그런 사람이 어디 있단 말인가? 노력의 결과물을 웃으면서 자랑스럽게 세상에 선보였더니 심술궂은 인간들이 구린내 나는 말을 던져대는데 그걸 아무 일도 아니라는 듯이 넘겨버릴 수 있는 사람이?

그때 나는 그런 것에 진심으로 신경을 쓰는 내가 뭔가 잘못된 줄 알았다. 내가 너무 예민하다고. 세상에 나의 글을 공개할 만한 그릇이 안 되는 것 같았다. 내게 비판을 진지하게 받아들이지 말라고 조언한 작가들은 뇌에 무슨 칩이라도 심어놓은 것 같았다. 아아, 나도 그런 것에 신경을 쓰지 않을 수 있기를 얼마나 간절히 바랐던가? 나도 그렇게 X까 정신으로 무장한 사람이 되고 싶었다. 그런데 도대체 그 방법이 무엇이란 말인가?

이후로 수년간 자신의 아이디어, 작업물을 세상에 공개하는 사람들과 더 많은 대화를 나눈 끝에 마침내 그 의문을 해소할 수 있었다. 실제로는 대부분이 남들 생각에 신경을 쓰고 있었다. 그들도 나와 똑같았다. 남에게 비판을 받으면 가슴이 뜨끔했고, 그런 감정을 다스리기 위해 노력해야 했다. 다시 말해 그들은 타인의 피드백이 마음을 아프게 한다는 걸 알았고, 그 아픔을 자신의 존재와 분리해서 생각할 줄 알았다. 타인의 비수 같은 말에 자신의 존재가 휘둘리는 걸 허락하지 않았다.

당신에게도 중요하게 여길 필요가 없는 의견에는 X가 정신을 발휘하고 중요한 의견은 받아들이는 균형의 묘를 발휘할 능력이 분명히 있다.

내게 영향을 주는 사람들 알기

데어링 웨이 코치 훈련을 받을 때 종이에 가로세로 3cm 정도의 정사각형을 그리고 그 안에 내게 중요한 피드백을 주는 사람들의 이름을 써보는 시간이 있었다. 훈련생 중 일부는 "그 사람들 이름을 다 쓰려면 이 정도로는 부족해요!"라고 했다. 하지만 자매님, 만약에 그 정사각형 안에 다 못 쓸 정도라면 그 사람들의 수를 줄여야 한다는 뜻이다. 이렇게 해보면 자신이 어떤 영역에서 남들의 생각과 피드백을 정말로 중요하게 여기는지 새삼 깨닫게 된다. 실제로 당신도 정사각형을 그려서 그 안에 내게 중요한 영향을 끼치는 사람들의 이름을 써보자.

이 소수의 사람들은 당신이 기똥찬 성과를 내든 실패하든 상관 없이 당신을 아끼는 이들이다. 다른 이유 없이 그저 당신 그 자체로 당신을 사랑한다. 그리고 당신이 자신을 필요로 할 때 다가와서 기댈 어깨를 빌려준다. 이들은 당신에게 매우 소중한 사람들이다.

정말로 행복한 사람들은 이 정사각형 안에 누구의 이름이 들어 있는지 잘 안다. 그래서 그 외의 사람들이 하는 비판은 조금 따끔 해도 대수롭잖게 넘긴다.

살다 보면 우리더러 뭔가를 잘못하고 있다면서 우리 삶에 감 놔라 배 놔라 하는 사람들의 말이 듣기 싫어도 들릴 때가 있다. 그들이 지적하는 문제는 양육이 될 수도 있고, 남편 뒷바라지가 될 수도 있고, 직장생활이 될 수도 있다. 여하튼 자기가 보기엔 잘못됐다는 것이다. 7장에서 말했다시피 이런 견해와 비판은 우리의 도화선에 불을 붙인다. 하지만 이제 우리는 그럴 때마다 그 말을 던지는 사람이 이 정사각형 안에 있는지 없는지 신속하게 판단할 수 있다. 혹시 정사각형 밖에 있는 사람이라면 주저 말고 "당신은 내 정사각형 안에 있는 사람이 아니야!"라고 말한 뒤 어리둥절해 하는 그 사람을 뒤로하고 유유히 발걸음을 옮기자.

반대로 정사각형 안에 있는 사람들이라면 어떻게 해야 할까? 그들의 의견을 수용하면서도 그로 인해 자존감이 송두리째 흔들리는 일이 없게 하려면 어떻게 해야 할까? 내 경우에는 남편이나 친한 친구들이 나의 결정과 행동에 대해 어떤 말을 하면 귀담아듣고 내 안에 있는 두려움을 뛰어넘어서 그것을 받아들인다. 때로는 그들의 생각이 정말로 탁월해서 나를 계발하는 데 큰 도움이 된다.

하지만 만약에 그들의 말을 듣고 내면의 비판자가 너는 틀려먹었다고, 멍청하다고, 모든 걸 뜯어고쳐야 한다고 말한다면 그건 제대로 피드백을 받은 게 아니다. 그건 내면의 대화를 개선하기 위해 많은 노력이 필요하다는 뜻이다. 이 차이를 알면 자신을 계발하고 관계를 개선하는 데 큰 힘이 될 것이다.

냉소주의가 만든 두꺼운 담을
허물어야 하는 이유

〰〰

　당신은 인생의 어떤 영역을 X나게 신경을 쓰고 있는가? 그것은 직업일 수도 있고, 몸일 수도 있고, 장래 목표일 수도 있다. 어쩌면 과거에 그런 영역에서 상처가 되는 말을 듣고 정반대로 X가 정신으로 무장하게 됐을 수도 있다.

　자매님, 이제는 그만 그 빗장을 풀자. 어떤 사람이 본의 아니게 상처가 되는 피드백을 줬다고 해서, 혹은 고의로 모욕적인 피드백을 줬다고 해서 온 세상을 향해 자물쇠를 걸어봤자 나만 손해다. 그런다고 상처가 아무는 것도 아니고 앞으로 상처를 안 받는 것도 아니다. 세상을 향해 자물쇠를 걸어버리면 좋은 것도 들어오질 못한다.

내 진짜 두려움을 확인한다

내가 민감하게 반응하는 어떤 부분에 대해 남들이 알게 되면 어떻게 나올까 걱정되는가? 예를 들어 쓰레기 같은 파트너와 헤어진 후에 힘든 시간을 보내고 있다고 해보자. 다들 당신이 상처받는 모습을 더 보지 않아도 되니까 잘됐다고 생각한다. 당신도 겉으로는 속이 시원한 척하고 그 파트너에 대한 증오심을 드러낸다.

하지만…… 속으로는 슬퍼하고 있다. 슬픔은 이별 후 자연스럽게 생기는 감정이고 당신은 마음 한구석에서 그 감정을 경험하고 있다. 그러면서 만약 사람들이 그런 속마음을 알게 되면 당신을 나약하고 한심하고 쓸데없이 마음을 고문하는 인간으로 여길 거라고 생각한다. 그래서 진심을 꼭꼭 숨기고 전혀 신경을 안 쓰는 척한다.

이럴 때는 연민하는 목격자에게 이별이 최선이었음을 잘 알지만 그럼에도 마음이 아프다고 솔직하게 털어놓는 것이 좋다. 거기에 더해서 이런 말을 털어놓는데 사실은 겁이 나고 이해할 수 없는 여자라는 소릴 듣게 될까 봐 두렵다는 말까지 하면 금상첨화다.

사람 사이의 균형점을 찾는다

당신에게 정말로 중요한 피드백을 주는 사람들의 명단을 적어봤으니 이번에는 반대로 어떤 사람이나 집단의 생각, 평가가 중요하지 않은지 적어보자. 여기에는 보통 익명의 비판자, 내면의 비판자, 부탁하지도 않았는데 쓸데없이 피드백을 주는 사람들이 포함된다. 친구, 동료, 이웃, 지인이 포함될 수도 있다. 만약 이런 사람들이 정사각형 안에 들어가 있다면 당신은 또다시 오만 것에 X나게 신경 쓰는 사람이 되는 셈이다.

명단을 작성하다 보면 '혹시 우리 엄마도 사실은 내가 신경을 안 쓰는 사람들 중 한 명인 거 아니야?'라는 생각이 들지도 모른다. 그래도 괜찮다! 나도 그 정도는 비밀로 해주겠다. 가족이라고 해서 우리의 정사각형 안에 들어가야 한다는 법은 없다. 아무리 가족이라 해도 우리가 그 의견을 신뢰하는 사람들처럼 우리를 든든히 지원해주지 않았다면 거기 들어갈 자격이 없다. 정사각형 속의 사람들이 하는 말에만 집중하고 그 외의 사람들이 내는 잡음은 무시해버리기 위해 노력한다면 균형점을 찾을 수 있을 것이다.

혹시 지금 그 누구의 생각에도 신경 쓰지 않는 척하고 있다면 우선 그 담을 허물어버리기를 권한다. 내가 장담하는데 그런 냉담한 태도는 문제를 극복하거나 마음을 치유하는 데 도움이 되기는커녕 당신의 기분만 더 망쳐놓는다. 그런 가면을 써봤자 이미 존재하는 기분을 완전히 밀쳐버리기는 불가능하고, 사람들에게 그들이 당신에게 불필요한 존재라는 인상만 줄 뿐이다. 하지만 당신에게는 그들이 필요하다. 그것도 아주 많이 필요하다.

어려워도 답해야 할 질문

- X까 정신으로 얻는 게 무엇이라고 생각하는가? 다시 말해 그것이 당신을 무엇으로부터 보호해준다고, 생각하는가?
- 상처가 되는 피드백을 받았을 때 그것에 압도되진 않는가? 그렇다면 어떻게 해야 거기서 벗어날 수 있겠는가?
- 구체적으로 인생의 어떤 영역에서 남들의 의견에 X나게 신경을 쓰는 것 같은가? 왜 그런 것 같은가?
- 혹시 무언가에 신경을 너무 많이 쓰는 것 때문에 자신을 비판하고 있진 않은가? 또는 그것에 신경을 많이 쓰는 것 때문에 남들이 비판할까 봐 두려워하고 있진 않은가? 만일 그렇다면 그 신경 쓰이는 것을 어떤 식으로든 존중하는 게 그것을 처리하는 방법이 될 수도 있다. 구체적으로 어떻게 행동하면 되겠는가?
- 당신의 정사각형 안에는 누가 있는가? 그중에서 누구를 퇴출해야 할 것 같은가?

14장

게으름뱅이처럼
살아도 괜찮아

과잉 성취의 역효과 알기

성공을 향해 달리는 열차에는
브레이크가 없다

〰〰〰

나는 성취를 사랑한다. 목표를 설정하고 달성한 후 승리를 자축하고 새로운 목표를 설정하는 것을 사랑한다. 할 일 목록에 있는 항목을 하나씩 지워나가는 것을 사랑하고, 미리 계획했던 일이 아니라서 할 일 목록에 올리지 않은 일이 있으면 순전히 체크 표시를 하는 즐거움을 누리기 위해 할 일 목록에 기재한다(설마 이런 사람이 세상에 나 혼자만 있는 건 아니겠지?).

그런데 '과잉' 성취란 일반적으로 목표를 설정하고 달성하는 것과 성격이 다르다. 과잉 성취는 성취에 목숨을 거는 것이다. 얼마나 많은 일을 얼마나 크게 성취하느냐로 자신의 가치를 평가하는 것이다.

과잉 성취는 완벽주의와 비슷하면서도 다른 양상으로 우리를 기만하는 괴물이다. 과잉 성취자는 성취가 인생의 전부라고 믿는다. 더 많은 일을 하고, 모든 목표를 달성하고, 생산성을 인간의 한계까지 밀어붙이면, 그리고 다른 모든 사람이 자신의 성취를 알게 되면 더 좋아하리라 믿는다. 자신이 무엇을 성취하고 사람들이 자신의 성취를 어떻게 보느냐에 자신의 가치가 달려 있다고 믿는다. 오로지 성취를 통해서만 안전해지고 사랑받을 수 있다고 여긴다.

다음은 41세의 의사로 세 아이의 어머니인 수전의 사연이다.

나는 평생을 과잉 성취자로 살았다. 어릴 때부터 항상 선생님들의 귀여움을 받았고, 주말에 일어나면 일단 집안일부터 했다. 대학 시절에는 교내 클럽에 여섯 개씩이나 가입해서 활동하면서도 수석으로 졸업했고, 이후 아이비리그 의학전문대학원에 진학했다. 항상 어제보다 나은 사람, 남들보다 나은 사람이 될 방법을 궁리했다. 그러다 마흔 살이 되어 정신이 붕괴될 지경이 돼서야 내가 그렇게 열심히 사는 이유를 알게 됐다. 더 많은 일을 성취하지 않으면 내가 부족한 사람, 쓸모없는 사람이라고 생각했던 것이다. 나는 성취에 목숨을 걸고 있었다. 나 자신이 성취를 빼면 시체라고 생각했다.

이런 사연은 심심찮게 들을 수 있다. 자세한 얘기는 저마다 다르겠지만, 여기서 강조하고 싶은 부분은 "더 많은 일을 성취하지 않으면 내가 부족한 사람, 쓸모없는 사람이라고 생각했던 것이다. 나는 성취에 목숨을 걸고 있었다."라는 대목이다.

과잉 성취자들은 성취에 모든 것을 바친다. 이들은 실제로 기똥찬 능력을 발휘하고 보상을 받는다. 하지만 시간이 지날수록 성취에서 오는 만족감이 떨어진다. 약물중독자가 점점 더 센 약물을 원하듯이 점점 더 큰 보상을 원하고, 그러다 보면 아무리 큰 보상을 받아도 성에 차지 않는 지경이 된다.

이들은 항상 불안해한다. 지금 같이 있는 사람에게 집중하지 못하는 것은 물론이고 지금 하고 있는 일에도 집중하지 못한다. 언제나 다음에 할 일을 생각하고 있기 때문이다. 예를 들어 청혼을 받는 순간에 잠시도 연인의 사랑을 느끼며 기뻐하지 못하고 결혼식을 어떻게 할지 고민하기 시작한다. 수전이 그런 행동에 선을 그을 수 있게 된 건 자신이 남편과 세 아이를 위해 몸이 열 개라도 모자랄 만큼 바쁘게 살고 있다는 걸 깨달았을 때였다.

나는 새벽 4시나 4시 반에 일어나서 운동을 하고 메일을 확인한 뒤 집안일을 했다. 그리고 남편과 아이들이 일어나면 아침을 먹이고 책가방을 싸서 아이들을 등교시키고 출근해서 종일 환자를 봤다. 퇴근 후에는 아이들의 방과 후 활동을 위해 부랴부랴 학교로 갔다가 집으로 와서 저녁을 차렸다. 그리고 나서 아이들 숙제를 봐주고, 빨래를 하고, 집안일을 하다가 자정에 쓰러지듯 잠자리에 들었다. 기진맥진한 상태에서 카페인에 의지해 하루하루를 버티며 날 자랑스럽게 생각했다. 사람들에게 내가 얼마나 바쁘게 사는지 말하면서 우월감을 느꼈다.

과잉 성취의 심각한 역효과

호주 출신의 37세 여성 캐런도 수전과 마찬가지로 과잉 성취 때문에 정신이 붕괴되는 지경에 몰렸다.

과잉 성취가 문제(혹은 과도한 불안증의 원인)라고는 생각해본 적 없었다. 나는 과잉 성취를 사랑하고 자랑스럽게 여겼다. 하지만 그로 인해 섭식 장애, 심각한 불안증과 우울증이 생겼다. 다른 사람들에게도 터무니없이 높은 기대를 걸고는 왜 나만큼 열심히 노력하지 않냐고 불평했기 때문에 인간관계에도 타격을 입었다. 그들의 노력 부족이 나를 아끼지 않기 때문이라고 생각하며 주저 없이 관계를 끊기 일쑤였다.

많은 과잉 성취자가 자신과 주변 사람들에게 과도하게 높은 기대를 건다. 이들은 왜 남들이 자기만큼 열심히 노력하지 않는지 모르겠다며 그들이 일부러 자신을 괴롭히려고 그런다고 생각하며 실망한다. 짐작하다시피 이런 태도는 인간관계에서 심각한 갈등을 부를 수 있다.

어디 그뿐인가. 한꺼번에 오만 가지 일을 벌이다 보니까 집중력을 잃을 수 있다. 집중력을 잃으면 생산성을 최대한으로 발휘할 수 없고 실수를 저지를 확률이 높아진다. 당신의 환상을 깨트리고 싶진 않지만, 사실 많은 연구에서 한꺼번에 여러 가지 일을 하면 생산성이 저하된다는 결과가 나왔다. 자기 딴에는 온갖 일을 잘 처리하고 있는 것 같아도 실제로는 속도만 떨어질 뿐이다.

　과잉 성취자들과 얘기해보면 그들을 가장 많이 괴롭히는 문제가 두 가지 있다는 것을 알 수 있다. 바로 불안증과 불면증이다. 불안증은 자꾸만 자기가 할 일을 충분히 하고 있지 않는 것 같다고 걱정하면서 남들이 어떻게 생각할까 고민하고(7장 참고) 항상 미래를 걱정하는 것이다. 불면증은 굳이 설명하지 않아도 잘 알 텐데, 가슴에 커다란 코끼리 한 마리를 불러다 앉혀놓고 답답하고 숨이 막혀서 잠을 못 이루는 것이다.

속도를 좀 늦추고
휴식의 자리로

〰〰

혹시 자신이 원래 그렇게 생겨먹은 사람이라고 생각할지도 모르겠다. 하지만 과잉 성취는 타고난 기질이 아니다. 앞에서 말한 캐런의 애기를 더 들어보자.

어릴 때부터 나는 매사에 과잉 성취 성향을 보였다. 방을 청소할 때는 먼지 한 톨 남기지 않아야 했고, 반에서는 항상 1등을 해야 했으며, 그 누구보다 착한 사람이 되려고 노력했다. 나중에 변호사 일을 할 때도 그런 성향은 여전했는데 음식을 먹고 운동을 할 때조차 과잉 성취 성향이 나타났다. 내 생각에 이런 태도는 어머니의 비판을 피하기 위한 방편으로 생겨난 것 같다. 어렸을 때 어머니는 매사에 과민반응을 보였고 술을 많이 마셨다. 그래서 나는 어머니의 화를 돋우지 않기 위해 항상 필요 이상의 성과를 거두려고 노력했다. 또 아버지의 관심과 인정을 받기 위해서도 노력했다. 아버지는 항상 나를 참 영리하다고 했고, 나는 그런 말을 들을 때마다 아버지를 실망시키지 않기 위해 최선의 성과를 거둬야 한다는 엄청난 압박감을 느꼈다. 그러면서 언젠가는 아버지가, 그리고 모든 사람이 내가 그렇게 영리한 사람이 아니라는 사실을 깨닫게 될 거라고 마음 졸였다.

당신은 어떤가? 어쩌면 부모님이 과잉 성취자여서 은연중에 당신도 그렇게 돼야 한다고 압박했을지 모른다. 어쩌면 자식을 강하게 키우기 위해 당신에게 높은 기대를 걸고 과잉 성취를 했을 때만 칭찬을 해줬을지도 모른다. 당신도 캐런처럼 부모님이 냉담한 성격이라 관심을 끌기 위해 갖은 애를 써야 했을지 모른다. 여하튼 과잉 성취 성향이 어디서 비롯됐는지 알면 도움이 된다. 그렇다고 당장 부모님에게 전화를 걸어 고래고래 소리를 지르라는 말은 아니다. 내 말은 큰 그림을 보고 성취에 대한 잘못된 신념을 극복하고 변화시키자는 것이다.

하지만 원인이 명확하게 보이지 않을 수도 있다. 부모님이 그렇게 고압적이지 않았을 수도 있고, 성취를 통해 부모님의 관심과 사랑을 받아야 한다는 압박감을 느끼지 않았을 수도 있다. 어쩌면 어렸을 때부터 과잉 성취를 할 때 안정감을 느꼈기 때문일지도 모른다. 혹은 성취를 했을 때 칭찬을 받는 게 좋아서 자꾸만 더 많은 걸 성취하고 싶어진 것인지도 모른다.

걸음을 멈추고 생각해보자

나는 당신이 과잉 성취자라 해도 일을 좀 줄이라고 말할 생각이 없다. 할 일 목록에는 최대 다섯 가지만 적으라고 하지도 않을 것이고, "제발 좀 쉬엄쉬엄해요!"라고 말하지도 않을 것이다. 아침에 일어나자마자 메일을 확인하는 습관을 버리라고 할 생각도 없다. 왜냐하면 당신은 행동가이기 때문이다. 아마도 당신은 무엇이 됐든 행동을 해야 직성이 풀리는 사람일 것이다. 하지만 여기서 잠깐 멈춰서 얘기를 좀 해볼 필요는 있겠다. 하고 싶은 일을 하지 말라는 건 아니지만 이쯤에서 자신을 돌아보며 다음과 같은 것을 진지하게 생각해봤으면 좋겠다.

1. 일단 내 건강부터 챙기자. 요즘 잠은 잘 자고 있는가? 혹시 만성적인 불안증에 시달리고 있진 않은가? 과민성 대장 증후군은 없는가? 물론 다른 요인이 있을 수도 있겠지만, 내가 오프라 윈프리의 전 재산을 걸고 말하는데 만일 당신이 과잉 성취자이고 건강상 문제가 있다면 바로 과잉 성취 성향이 원흉이다(그리고 완벽주의와 남의 인정을 구하는 태도 역시 한몫하고 있을 것이고…… 참, 통제 행동과 사기꾼 콤플렉스도 빼놓으면 서운하지!). 인간의 몸은 항상 전속력으로 달리도록 만들어져 있지 않다.

2. 인간관계를 돌아보자. 혹시 당신이 해야 한다고 생각하는 일이 너

무 많아서 파트너가 소외감을 느끼고 있진 않은가? 자녀들이 부담감을 느끼고 있진 않은가? 직장에서는 어떤가? 혹시 최후의 승자는 인생에서 가장 많은 일을 성취하고 간 사람이라고 생각하고 있진 않은가? 하지만 최후의 승자는 진심을 다해 인간관계를 가꾸고 사랑하다 간 사람이다. 이 둘 사이의 어마무시한 차이점이 확실히 보이는가?

3. 마음의 건강을 위해 무엇을 하고 있는지 돌아보자. 어떤 책이든 좋으니 자기계발서를 펼쳐보면 성취와 생산성을 자존감의 바탕으로 삼는 행태에서 벗어나기 위해서는 여유 있게 쉬기도 하고 놀기도 하는 게 좋다고 나와 있을 것이다. 내가 하고 싶은 말도 마찬가지다. 그런 말을 하면 무슨 소리냐며 방방 뛸 테지만 조금만 참고 내 얘기를 들어줬으면 좋겠다. 당신이 왜 속도를 늦추지 않고 온갖 과업의 노예로 살고 있는지 알 것 같기 때문이다.

속도를 늦추고 휴식을 취하면서 생각해본다

과잉 성취 또한 우리 인생에 펼쳐진 개똥밭을 외면하기 위한 방편이다. 예를 들어 결혼생활에 문제가 있다고 해보자. 그렇다면 배우자와 좀 껄끄럽더라도 그에 관해서 얘기를 하거나, 혼자서든 둘이서든 상담을 받거나, 이도 저도 아니면 헤어지기라도 해야 할텐데 그러기가 싫으니까 계속 이 일 저 일을 하는 것이다. 그렇게 온갖 일에 에너지를 쏟아부으면 자신이 잘하고 있는 것처럼 느껴진다.

하지만 유감스럽게도 외면한다고 해서 그 문제가 사라지진 않는다. 그것은 우리가 처리해주기를 하염없이 기다린다. 그리고 십중팔구는 갈수록 심각성이 커진다.

속도를 늦추고 가만히 휴식을 취하면 지금 인생에서 잘 풀리지 않는 게 무엇인지 생각하게 되고 그런 문제에 얽힌 감정을 온전히 느끼게 된다. 한데 전형적인 과잉 성취자라면 그런 시간을 상종 못 할 것이라도 되는 양 피하고만 있을 것이다.

대부분의 과잉 성취자가 휴식을 죽음과 동의어로 생각한다. 당신도 그렇다면 그 너머에 무엇이 있는지 슬쩍 봤으면 좋겠다. 그렇다고 한 시간 동안 명상을 하라거나 하루 동안 아무것도 하지 말고 쉬라는 말이 아니다. 그냥 자신이 가만히 있기를 거부하는 이유가 무엇을 피하기 위해서인지 싫어도 한번 생각해보라는 것이다. 그러면 당신은 할 일 목록에 적어놓은 일들을 모른 척할 수 없어서 그런다고 둘러댈지도 모르겠지만, 자매님, 선수끼리 왜 이러시나? 당신이 '정말로' 피하려고 하는 게 무엇인가? 기왕에 하는 거 제대로 해봐야겠다 싶으면 일기장을 꺼내서 방금 내가 한 질문을 적고 답을 써보자.

내 한계를 인정하면
편안해진다

〰〰〰

"실패는 실패의 어머니다."

혹시 이런 말을 집이나 회사 벽에 붙여놓진 않았는가? 당신이 과잉 성취자라면 실패가 자신의 정체성을 규정한다고 생각하고 있을 것이다. 다시 말해 실패를 했다는 것이 "나란 인간은 실패작이요"라는 소리와 같다고 여길 것이다.

그런 당신이 알았으면 하는 게 있다. 아니, 그냥 알기만 하는 게 아니라 마음속 깊이 새겼으면 좋겠다. 나는 당신이 지금 기똥차게 잘하고 있는 일들을 앞으로도 계속 기똥차게 잘했으면 좋겠다. 하지만 실패란 더 나은 사람이 되기 위한 과정 중 일부임을 알아야 한다. 당신이 그렇게 믿고 실패를 받아들일 수 있었으면 좋겠다. 어쩌면 우리 문화 전반에 실패에 대한 오해가 팽배하다 보니까 실패라는 말만 들어도 몸서리가 쳐질지도 모르겠다. 하지만 실패가 없으면 배움도 없다. 실패가 없으면 발전도 없다. 실패가 없으면 창조나 변화도 없다. 누구보다 똑똑하고 혁신적이고 폼 나는 리더들도 실패한 경험이 있고 앞으로도 실패할 것이다.

실패를 할 때는 기왕이면 잘 실패하는 길 목표로 삼자. 실패의 쓴맛을 그대로 느끼되(실패에서 단맛이 나는 경우는 아마 없을 테니) 내면의 대화에 주의하면서 실패가 발전의 필수 요소라는 걸 인정하자. 그리고 가능하면 빨리 실패에서 무엇을 배웠는지 생각해보자. 그러면 실패를 기분 나쁘고 피해야 할 게 아니라 자신에게서 최상의 모습을 발현하기 위해 꼭 필요한 것으로 받아들일 수 있다.

누군가와 경쟁하고 있진 않은가

과잉 성취자는 자기도 모르게 남들과 경쟁을 벌인다. 세상에는 경쟁심을 타고나는 사람들도 있는 것 같은데, 그로 인해 과잉 성취의 도가니에 빠지기도 한다. 최고가 되고 싶은 욕구와 누군가를 꺾거나 일인자가 되고 싶은 욕구가 맞물려서 감당할 수 있는 이상으로 많은 일을 하려 드는 것이다. 특히 영업직이거나 건당 보수를 받는 일을 하고 있다면 더더욱 그렇다. 최대한 성과를 내서 최고가 되는 게 그런 직무의 목표이기 때문이다. 하지만 그럴수록 자신의 한계를 알아야 한다. 과잉 성취자가 하필이면 과잉 성취를 권장하고 필수로 여기는 직군에서 일하는 건 불난 집에 기름을 끼얹는 것과 같다.

뭔가를 바꾸려면 일단 그것이 문제라는 걸 인지해야 한다. 그러니 지금 직업을 비롯해 인생의 어떤 영역에서든 경쟁이 벌어지고 있다면 혹시 그로 인해 자신이 알게 모르게 고통을 받고 있진 않은지 잘 생각해보자.

내 친구 엘리자베스는 평생을 전형적인 과잉 성취자로 살았고 원래 경쟁심이 강한 성격이었다. 그런 성향이 도움이 될 때도 있었지만 어느 날부터인가 손해가 됐다. 그래서 그녀는 그걸 놓아버리는 법을 터득했다.

어느날 문득 내가 오로지 행동을 통해서만 내 존재를 입증할 수 있다는 듯이 바쁘게 달리고만 있다는 생각이 들었다. 그래서 나 자신에게 물었다. 산다는 건 무엇인가? 나는 지금 어디로 가고 있는가? 어떤 상이 나를 기다리고 있는가? 하지만 그 경주에 상 따위는 존재하지 않는다! 이런 생각이 내게 아주 큰 도움이 됐다. 나는 천성적으로 경쟁심이 강하고(주로 나 자신과 경쟁한다) 성취 지향적이며 추진력이 강하다. 그게 나쁜 건 아니다. 하지만 잠깐 멈춰서 숨을 돌리고 과잉 성취를 해봤자 받을 상이 있는 것도 아니라는 사실을 되새기면 다시 정신을 차리고 속도를 늦추게 된다. 그러면 내게 정말로 중요한 것, 건강과 소중한 사람들과의 친밀한 관계에 집중할 수 있다. 그 덕에 나는 예전과 비교도 할 수 없을 만큼 큰 행복과 성취감을 느끼며 살고 있다.

당신은 아주 멋진 사람이다. 그건 무얼 성취하느냐 못하느냐와 아무 상관이 없다. 당신은 모든 업적을 제하더라도 존재 자체로 눈부신 사람이다. 당신의 본질을 에워싸고 있는 껍질을 하나씩 벗겨내면 당신이 있는 그대로 근사한 사람이라는 걸 알게 된다. 그러면 과잉 성취를 하지 않아도 세상에 당당히 나설 수 있다는 것도 알게 될 것이다.

☕ 어려워도 답해야 할 질문

· 만일 자신이 과잉 성취자인 것 같다면 그런 성향이 어디서 비롯됐다고 생각하는가? 그런 잘못된 신념을 극복하기 위해 어떻게 하겠는가?
· 과잉 성취 성향이 인생에 어떤 영향을 미치고 있는 것 같은가?
· 속도를 늦추고 휴식을 취하기를 거부하면서 진정으로 피하고자 하는 것은 무엇인가?
· 실패에 대해 어떻게 생각하는가? 실패를 보는 잘못된 관점을 바꾸기 위해 어떻게 해야 하겠는가?
· 당신은 경쟁심이 강한 사람인가? 그렇다면 그것이 어떤 면에서 인생에 긍정적으로 작용하고 또 부정적으로 작용하고 있는가?

15장

가장 중요한 것만 남기는 힘

나만의 가치관 찾기

내 가치관을 알면
가야 할 길이 보인다

〰〰〰

이제 마지막 장까지 왔으니 '내 기분을 개떡같이 만드는 것' 목록에 오른 각종 습관에 죽죽 줄이 그어져 있을 것이다. 이쯤에서 이런 궁금증이 들 수도 있겠다. "그런 습관들에 다시 빠지지 않으려면 어떻게 해야 할까?" 숨어버리기, 완벽 추구하기, 비위 맞추기, 남 탓하기, 통제하기 같은 행동이 몸에 깊숙이 배서 자기도 모르게 그런 행동을 하게 될 때 기분을 좋게 만들고 자존감을 키울 방법은 무엇일까?

지금까지 각 장에서 많은 기법을 알아봤는데 이 책을 마무리 짓기 전에 얘기해야 할 정말로 중요한 것이 하나 더 남았다. 바로 자신의 가치관을 알고 존중하는 것이다.

가치관이라고 하면 또 무슨 따분한 소리를 하려나 싶어서 건너뛰고 싶을 테지만, 잠깐! 가치관을 무시했다간 지금까지 배운 게 말짱 도루묵이 된다!

가치관은 나의 북극성, 나침반, 지도와도 같다. 지금 내가 어디로 가고 있는지, 그 길이 어떻게 나 있는지 알고 싶지 않은가? 그렇다면 이 장을 꼭 읽어야 한다.

이 장은 자신이 가치 있게 여기는 것을 구체적으로 알아내는 방법과 어떤 선택과 행동이 그런 가치를 존중하는 것인지 파악하는 방법을 얘기한다는 점에서 대단히 중요하다. 이 장을 읽고 나면 자신이 그런 선택과 행동을 하지 않는 우를 범하는 순간을 알아차리는 것도 가능해진다. 아울러 다시 바른길로 돌아갈 수 있도록 도와줄 사람들이 누구인지도 알 수 있다. 내가 누구인지, 무얼 추구하는지, 그것이 매일의 삶에서 어떤 모습으로 나타나는지 확실히 알지 못한다면 우리의 수고가 다 무슨 소용일까.

우리는 지금까지 통제, 완벽주의, 고립, 비위 맞추기 같은 습관에 대해 얘기했다. 그런데 그런 습관은 모두 자신의 가치관을 존중하지 않는 행동이다! 참 간단한 이치다. 설마 당신은 완벽주의라는 미명하에 자신의 숨통을 조이는 것이나 매번 싫어도 "예"라고 대답하는 걸 가치 있게 여기진 않을 것이다. 그리고 자기가 책임져야 할 일을 책임지지 않고 남들을 탓하고 그들의 어머니(그리고 자신의 어머니)를 탓하는 삶을 가치 있게 여기지도 않을 것이다. 가치관이란 내가 잘살고 있다는 기분이 들게 해주는 것들의 집합이다.

그런데 아직 자신의 가치관을 모른다면? 걱정할 것 없다. 그걸 알아보려고 우리가 여기 있는 것이니까.

자신의 가치관 파악하기

자신의 가치관을 모르는 사람들은 '도대체 나는 어디가 어떻게 틀려먹었길래 이 모양 이 꼴이지?'라는 생각을 자주 한다. 답을 하자면 어디가 틀려먹은 게 아니다. 그냥 자신의 가치관을 모를 뿐이다.

우선 자신이 가치 있게 여기는 것의 목록을 작성해보자. 이 일은 만만치 않다. 가치관의 중요성에 대해 처음 들어봤다면 더욱 그럴 수 있다. 뒤에서 많은 사람이 공통적으로 가치 있게 여기는 것들을 몇 가지 소개하긴 할 테지만, 일단은 자신의 가치관을 파악하는 데 도움이 되는 질문부터 해봤으면 좋겠다.

다음의 중요한 두 질문에 대한 대답을 자유롭게 적어보자.

* 내게 중요한 것은 무엇인가?
* 내가 인생을 살아가는 방식에서 중요한 것은 무엇인가?

예를 들어 사람들과 친밀한 관계를 맺고 유지하는 것(때로는 불편을 감수하고라도)이 중요하다면 당신은 결속을 가치 있게 여긴다고 할 수 있다. 혹시 영성 수련이나 종교 활동을 하고 있진 않은가

(비록 최근에는 좀 소홀했다고 할지라도)? 그렇다면 당신은 영성 혹은 신앙을 가치 있게 여기는 것이다. 아니면 자기 자신을 깊이 알고 더 나은 사람이 되기 위해 노력하는 걸 중요시하는가? 그렇다면 성장을 가치 있게 여긴다고 볼 수 있다.

'절정 경험'이라는 기법을 통해서도 가치관을 확인할 수 있다. 지금까지 살면서 아주 잠깐이었을지언정 자신의 선택에 자신감을 느끼고 자신이 자랑스럽게 느껴졌던 때가 언제인지 생각해보자. 그때 무엇을 하고 있었는가? 그런 선택과 행동을 할 때 그 배경에 무엇이 있었는가? 그 경험을 할 때 당신의 어떤 부분이 활성화됐는가?

예를 들어 몇 년 전에 꾸준히 숲길을 달리고 건강한 음식을 골라 먹으면서 몸이 좋아지는 걸 느꼈다고 해보자. 그렇다면 당신은 건강을 유지하고 자신의 몸을 존중하는 것을 가치 있게 여긴다고 할 수 있다. 그것만이 아니다. 절정 경험을 잘 탐구해보면 숨어 있던 가치를 보게 될 때도 있다. 이 경우에는 자연을 가치 있게 여긴다는 사실을 발견할 수 있다. 어쩌면 당신은 야외 활동을 할 때 살아있는 기분을 느끼는 사람일 수 있다. 혹은 고독을 영혼의 자양분으로 삼는 사람일 수도 있다. 물론 이때의 고독은 사람들을 멀리하고 숨어버리는 고독이 아니라 자연의 고요함 속에서 머리를 식히고 살아있음을 느끼는 고독을 말한다.

그런데 여기서 한 가지 짚고 넘어갈 게 있다. 우리가 무언가를 가치 있게 여긴다고 해서 지금 그것을 반드시 존중하며 살고 있다고는 볼 수 없다는 점이다. 무언가가 자신의 인생에서 중요하다고는 해도 이를 의식하지 못해서, 혹은 용기가 없거나 적절한 방법을 몰라서 그것을 존중하지 않으면서 살고 있을 가능성도 얼마든지 있다. 이렇게 중요하지만 존중하지 않는 가치를 '희망 가치'라고 부른다. 단, 내면의 비판자가 불쑥 고개를 들고 왜 가치관을 존중하지 않냐고 비판하는 것을 경계하자. 당신의 가치관 목록이 모조리 희망 가치로 구성돼 있다고 해도 괜찮다! 어쩌면 당신은 영성이란 가치는 꽉 붙들고 있지만 아직 용기와 결속이란 가치는 소홀히 여기고 있을지 모른다.

이 장의 요점은 일단 자신이 가치 있게 여기는 것이 무엇인지 파악하는 것이다. 그래야 생활에서 조금씩 실현해나갈 수 있기 때문이다. 그러자면 자신이 어떤 가치를 실현하기 희망하면서도 현실에서는 그러지 못하고 있는지 아는 게 중요하다.

가치관 발굴하기

가치관을 파악하는 데 도움이 되라고 많은 사람이 공통적으로 가치 있게 여기는 것을 몇 가지 나열해봤다.

용기
균형

창조

신앙/영성

섬김/보은

정직

건강

안전

성장

진정성

재미/유머

신뢰

자유

직관

모험

정의

이 목록을 당신의 가치관으로 삼아도 전혀 문제 될 게 없다. 많은 사람이 이런 것들을 가치 있게 여기는 데는 다 그럴 만한 이유가 있지 않겠는가.

참고로 이런 목록을 작성할 때 구체적인 활동이나 사물을 적는 것은 피하는 편이 좋다. 여기에 '고전소설'이라는 항목을 쓰고 그것이 자신의 가치관에 속한다고 생각했다면 고전소설을 읽음으로써 실제로 얻는 게 무엇인지 생각해보자. 그것은 혹시 당신이 간절히 원하는 창조력이 아닌가? 혹은 고전소설을 읽을 때 느껴지는 마음의 평화와 고독이 좋은 건 아닌가? 중요한 것은 어떤 활동이나 사물이 아니라 그것을 통해 느끼는 정서다.

인생의 영역별로 가치 있게 여기는 것이 서로 다를 수 있다는 점도 명심하기 바란다. 예를 들어 내가 인생에서 가장 중요하게 여기는 것은 용기, 직관, 정직이다. 하지만 사업에서는 리더십, 영향력, 섬김을 가장 중요하게 생각한다. 이렇게 가치관 목록을 작성하다 보면 양육, 직업, 연애나 부부관계 같은 영역에서 별도로 짧은 목록이 생길 수도 있다. 그렇다고 너무 부담 갖지 말았으면 좋겠다. 너무 세세하게 들어가고 싶지 않다면 인생 전반에 걸친 가치관만 생각해도 훌륭하다!

나는 당신이 가치관과 현실의 괴리를 항상 또렷이 의식하며 살아가리라 기대하지 않는다. 가치관을 실현하기 위해 어떻게 노력해야 하는지 항상 의식하며 살아갈 필요는 없다. 다만 인생에 어떻게 임하고 있는지 돌아보고 어떤 영역에서 노력이 더 필요한지 알아낼 수 있도록 방법을 제시할 뿐이다.

진짜 내 가치인지 확인하기

아마도 이 책을 읽는 독자 중 많은 사람이 완벽주의에 시달리고 남들 생각에 신경을 쓰면서 살아가고 있을 것이다. 그래서 마지막으로 자신의 가치관인지 진정 자신의 것인지 확인하는 데 도움이 될 방법을 소개해볼까 한다. 만일 내 가치관이 실은 내 것이 아니라면 그건 어디서 온 것일까? 어쩌면 나는 이러저러해야 한다는 생각에서 온 것일지 모른다.

분명히 말하지만 가치관은 온전히 나만의 것이어야 한다. 가치관은 남들이 평가하고, 투표하고, 조롱할 대상이 아니다. 혹시라도 '왠지 섬김을 중요하게 여겨야 할 것 같아. 좋아, 그걸 내 가치관에 포함하겠어!' 같은 생각이 든다면 정신을 바짝 차리자. 내키지도 않는 가치를 당신의 가치관에 포함할 필요 없다. 그렇게 안 해도 아무 문제 없다. 누가 어깨너머로 훔쳐보고 비판할 것도 아니니까 말이다.

가치관은 시간이 지나면 변한다. 인생이 그렇듯 가치관도 점점 진화한다. 그러니 가치관의 변화 가능성에 항상 마음을 열어두자. 어떤 것이 지금은 중요하지 않다고 해서 나중에도 중요하지 말란 법은 없다.

더 나은 삶을 원한다면
가치관에 따라 행동하라

〜〜〜

아기에게 이름을 지어주는 게 육아의 시작인 것처럼 자신이 가치 있게 여기는 것의 이름을 파악하는 것도 문제 해결의 시작일 뿐이다. 이제 실제로 아기(우리의 가치관)를 키우고 돌보는 방법을 살펴볼 것이다. 자, 그러면 자신의 가치관을 존중하는 행동이 무엇인지 탐색해보자(당신의 성장을 위해서 제발 이 부분을 건너뛰지 않았으면 좋겠다). 왜냐하면 그 가치들이 실생활에서 어떤 양상으로 나타나는지 알아야 행복으로 나아갈 수 있기 때문이다.

＊ 자신이 가장 가치 있게 여기는 것 2~3개를 적어보자. 이 최상위 가치들은 인생의 길잡이가 돼준다. 힘든 결정을 내려야 하거나 인생이 바닥을 쳤을 때 바로 그 가치들에 의존해 상황을 타개할 수 있다. 다음에 몇 가지 예를 실었으니 혹시 자신의 가치관 목록에서

가장 중요한 것을 2~3개로 추릴 수 없다고 해도 당황하지 않길 바란다.

* 자신의 최상위 가치 2~3개를 존중하는 행동을 적어보자. 가치를 존중하는 행동은 가치관을 실현하기 위한 기초와 마찬가지다.

먼저 용기에서부터 시작해보자(보면 알겠지만 가치 A를 존중하는 행동이 가치 B를 존중하는 행동과 똑같거나 비슷할 수 있다). 용기를 먼저 얘기하는 이유는 당신이 이 책을 읽고 있는 것이 용기를 가치 있게 여긴다는 뜻이라고 99.9퍼센트 확신하기 때문이다. 마야 안젤루(Maya Angelou)는 "용기야말로 가장 중요한 덕목이다. 용기가 없으면 어떤 덕목도 꾸준히 실천할 수 없기 때문이다"라고 말했다. 지금까지 귀에 딱지가 앉을 정도로 말했지만, 용기를 내기보다는 자신을 고립시키고, 마취시키고, 남의 비위를 맞추고, 완벽을 추구하는 게 더 쉽게 느껴질 것이다. 하지만 힘들어도 용기를 내는 것이 우리가 가야 할 길이다.

* 가치: 용기_ 내 인생에서 용기는 어떤 양상으로 나타나는가?
- 경계선을 긋는다(즉 껄끄러운 대화를 감수한다).
- 도움이 필요할 때 도움을 요청한다.
- 겁이 나더라도 나약함을 감수한다.

＊ 가치: 영성/신앙_내 인생에서 영성/신앙은 어떤 양상으로 나타나는가?

- 상위의 존재와 꾸준히 대화한다.
- 감사를 연습한다.
- 마음챙김을 연습한다(즉 직관에 귀를 기울인다).
- 명상한다.

＊ 가치: 진정성_내 인생에서 진정성은 어떤 양상으로 나타나는가?

- 진실을 말한다(즉 당당히 내 목소리를 낸다).
- 내가 완벽을 추구하거나 남의 비위를 맞추려는 것을 자각하고 나를 먼저 존중하는 훈련을 한다.
- 내가 저지른 실수에 대한 책임을 인정하고 내가 친 사고를 수습한다.
- 불완전한 모습을 솔직히 드러낸다.

이 목록을 그대로 쓰고 싶으면 그래도 좋고, 자기만의 언어로 바꿔도 좋다. 그리고 지금껏 살면서 각각의 가치를 존중하는 행동을 했던 구체적인 상황을 생각해봐도 도움이 될 것이다. 반대로 각각의 가치를 존중하지 않는 쪽을 택했던 상황을 생각해보는 것도 좋다. 그렇게 하면 어떤 면에서 개선이 필요한지 알 수 있다.

사실 가치관을 존중하는 행동이 불편하게 느껴질 때도 가끔 있다(아니, 가끔이 아니라 많이 있다). 우리는 두려움 속에서 행동하는 게 몸에 배어 있다. 다시 말해 이런저런 행동을 할 때 사람들에게 호감을 얻기 바라고, 일이 잘 풀리기를 바라고, 화살을 피할 수 있기를 바란다. 하지만 나는 당신이 자신을 자랑스럽게 여겼으면 좋겠고, 불편하더라도 자신을 존중하는 행동을 한 후 자부심을 느꼈으면 좋겠다.

앞에서 언급했던 아만다의 얘기를 해볼까. 아만다는 회사의 운영 방식이 마음에 들지 않았다. 정말 형편없다고 생각했다. 불공정한 부분이 많았고 자신(그리고 동료들)이 이용당하고 있는 것 같았다. 그래서 그런 문제를 해결해보려 했지만 몇 달이 지나는 동안 분노와 원망이 깊어지고 회사에 대한 불평이 늘어났다. 간단히 말해 직장생활이 개떡같이 느껴졌다. 그녀의 가치관이 짓밟히고 있었기 때문이다. 얼마 후 그녀는 자신에게 세 가지 선택안이 있다는 것을 깨달았다.

1. 아무것도 하지 않는다. 그러면 현상이 유지되거나 더 나빠질 것이다. 그리고 계속 화가 난 상태로 직장을 다니게 될 것이다.

2. 아무것도 하지 않고 아무 말도 하지 않고 사표를 쓰는 것으로 회사와 깨끗이 결별한다.

3. 현 상황에 대한 의견을 말하고 변화를 요구한다. 그래도 변화가 없

으면 계속 회사를 다닐지 말지 결정한다.

아만다는 어떻게 해야 좋을지 몇 주 동안 고민했다. 그리고 마침내 3번을 택했다. 그녀는 윗사람들에게 무슨 말을 하고 무슨 요구를 할지 미리 확실하게 정했다. 그리고 회의 소집을 요청한 후 용기 있게 할 말을 했다. 그때 그녀는 두렵지 않았을까? 당연히 두려웠다. 그것도 아주 많이. 그리고 회의실을 나설 때 자신이 대견스러웠을까? 물론이다. 경영진은 타협안을 제시했지만 아만다는 마음에 들지 않아 퇴사를 결심했다.

물론 진정성을 발휘한다는 핑계로 성급하게 요구 사항을 말하라는 소리도 아니고, 용기를 낸다는 핑계로 섣불리 회사를 그만두라는 소리도 아니다. X까 정신으로 무장하라는 소리도 아니다. 아만다는 자신의 요구를 어떻게 하면 정중하면서도 솔직하게 전할 수 있을지 오래 고민했고, 자신의 의도가 자신이 믿는 바를 확실하고 진정성 있게 전달하는 것임을 잘 알았다. 그리고 그녀는 대화의 '결과'에 집착하지 않았다. 자신의 가치관을 존중하는 행동을 할 때 그 결과는 별개의 문제다. 항상 이기거나 기똥찬 성과를 낼 수는 없다. 중요한 것은 자신에게 무엇이 왜 중요한지 알고, 자신의 가치관에 따라 행동하는 것이 어떤 의미인지 아는 것이다.

나만의 빨간 깃발을 찾자

이쯤 됐으면 어떤 습관과 행동이 자신이 가치관을 위반하고 있다는 걸 알려주는 빨간 깃발인지 알 수 있을 것이다.

예를 들어 하기 싫은 일을 부탁받고도 "예"라고 대답한다면 용기와 진정성이라는 가치를 무시하는 것이다. 아는 사람의 흉을 보는 것은 정직과 친절이라는 가치를 무시하는 것이다.

내가 직접 겪은 일을 얘기해보겠다. 나는 나의 빨간 깃발들을 적어본 후로 내가 누군가를 원망하거나 독설을 날리거나 은근슬쩍 심술을 부릴 때 알아차릴 수 있게 됐다. 그래서 지금은 그럴 때마다 내가 용기라는 가치를 존중하지 않고 있음을 깨닫는다. 그리고 그건 내가 대화를 해야 할 사람과 대화를 안 하고 있다거나 내가 책임져야 할 일에 책임을 지지 않고 있다는 것이므로 진정성이라는 가치에도 어긋나는 행동이 된다. 자, 그렇다면 당신의 빨간 깃발은 무엇인가? 어떤 행동이나 생각을 할 때, 혹은 어떤 기분이들 때 가치관을 위반하고 있음을 알 수 있는가?

만트라와 선언문으로 무장한다

마지막 기법은 가치관을 기억하는 데 도움이 되는 만트라와 선언문을 마련하는 것이다. 만트라는 앞에서 사용해봤으니까 잘 알테고, 선언문은 자신의 의도, 동기, 견해를 천명하는 말이다. 말하자면 자신에게 중요한 게 무엇인지 확실하게 밝히는 것이다(그 말을 하면서 엄지를 척 들어 올리면 금상첨화다!).

만트라나 선언문은 상황이 안 좋게 돌아갈 때 자기 자신에게 해주는 조언이나 응원의 말로 쓸 수 있다. 그리고 운동을 할 때, 요가를 할 때, 청소를 할 때 등 언제든지 써도 좋다! 나는 몇몇 고객에게 태양 경배 자세 같은 몸동작을 할 때 만트라나 선언문을 말해보라고도 했다. 하지만 만트라나 선언문이 가장 큰 힘을 발휘할 때는 뭐니 뭐니 해도 선택의 기로에 서 있을 때다. 이를테면 익숙한 대로 자신을 고립시키는 행동을 할 것이냐, 아니면 가치관을 존중하는 행동을 할 것이냐 하는 선택을 해야 할 때가 그렇다.

만트라의 예를 몇 가지 들어보겠다.

* 나는 용기를 딛고 서 있다. 나는 신앙을 딛고 서 있다.
* 나는 사랑과 지혜를 품고 있다.
* 믿음, 용기, 사랑. (단어를 이렇게 반복해서 말하기만 해도 좋다.)
* 내 몸과 마음은 내게 중요한 게 무엇인지 알고 있다.

여기에 옳은 방법, 틀린 방법은 없다. 기분이 좋아지고, 가슴이 설레고, 자신의 가치관을 확실히 인지하게 된다면 어떤 방법이든 좋다.

선언문은 다음의 문장을 완성하는 것으로 간단히 만들 수 있다.

＊ 나는 진심으로 _____ 한다.

＊ 나는 _____에 열정을 느낀다.

＊ 나는 _____임을 확실히 안다.

＊ 나는 _____을 지지한다.

＊ 나는 _____하기 위해 존재한다.

＊ 나는 나를 사랑하기 때문에 _____할 것이다.

내 모든 것을 걸고 말하는데, 여기서 안내한 기법들을 통해 자신이 무엇을 가치 있게 여기는지 알고 또 그것들이 자신에게 어떤 의미인지 알게 된다면 더 윤택하고 더 풍성한 삶에 성큼 다가서게 될 것이다. 가치관은 개떡 같은 기분을 치료하는 많은 약제 중 하나다. 가치관을 알면 그것으로 앞길을 닦을 수 있다.

어려워도 답해야 할 질문

- 당신이 가치 있게 여기는 것은 무엇인가?
- 당신이 가치 있게 여기는 것들은 실생활에서 어떤 양상으로 나타나는가? 일상에서 어떤 행동으로 그것들이 실현되는가?
- 가치관을 존중하지 않았던 때를 떠올려볼 수 있겠는가? 그때 어떤 기분이 들었는가? 그때 어떻게 했으면 가치관을 존중할 수 있었겠는가?
- 당신이 가치관을 위반하고 있음을 알려주는 빨간 깃발은 무엇인가?

이 책이 마무리되던 무렵에 고향 친구들을 만나러 샌디에이고
에 갔다가 아버지에게 들렀다. 아버지와 함께 점심을 먹고 즐거운
시간을 보냈다. 모든 것이 좋았다.

석 달쯤 지났을 때 새어머니에게서 아버지가 심한 빈혈로 병원
에서 각종 검사와 수혈을 받고 있다는 연락을 받았다. 얼마 안 돼
서 아버지는 희귀성 백혈병으로 살날이 몇 달밖에 안 남았다는 선
고를 받았다. 아버지가 죽을병에 걸렸다는 믿을 수 없는 사실 앞
에서 이제껏 내가 가까운 사람의 죽음을 겪어본 적이 없어 앞으로
일어날 일에 전혀 준비가 안 돼 있다는 걸 깨달았다.

나는 고향으로 가서 며칠 동안 아버지의 간호를 거들었고, 그러
자니 마음이 따뜻해지는 동시에 산산이 부서졌다. 2016년 10월
16일, 아버지는 고향의 바닷가에 있는 예쁜 호스피스 요양원에서

나 홀로 곁을 지키는 사이에 숨을 거두셨다.

참담한 심정이었다. 하늘이 무너지는 것 같은 기분에 휩싸였다. 날마다 어떻게 살 것인지 선택해야 했다. 참 얄궂은 일이었다. 하필이면《개떡 같은 기분에서 벗어나는 법》같은 책을 쓰고 있을 때 그렇게 큰 역경이 닥치다니 말이다. 자칫하면 내가 쓴 말이 모조리 가식이 될 판이었다.

그때 나는 이 책에 나오는 여러 나쁜 습관으로 되돌아갈 수도 있었다. 딸 노릇을 제대로 못 했다고, 애초에 고향을 떠난 자체가 잘못이었다고 몇 날 며칠이나 나 자신을 언어로 폭행할 수 있었다. 아무에게도 의지하지 않으려고 나 자신을 고립시킬 수 있었고, 무엇이든 확실한 것을 거머쥐고 싶어서 통제욕과 완벽주의에 나 자신을 내어줄 수 있었다. 또는 남들은 다 무너져도 끝까지 버텨내는 '강인한 사람'이 될 수 있었다. 독설을 날리며 남들을 탓할 수 있었다.

물론 예전부터 내가 가장 애용했던 수법은 마취였다. 다시 술을 마시거나 운동화를 신고 두 다리가 부서져라 달릴 수 있었다. 신용카드를 들고 쇼핑몰에 갈 수 있었다. 가슴을 도려내는 그 슬픔, 당혹감, 참담함을 외면할 수만 있다면 무엇이든 할 수 있었다.

솔직히 말하겠다. 그런 짓을 아예 안 하진 않았다. 어떻게 했으면 딸 노릇을 좀 더 잘할 수 있었을까 생각하면서 후회했다. 죽을 것만 같은 마음을 그 누구에게도 털어놓지 않고 며칠 동안 나를 고립시키기도 했다. 일부러 과도하게 많은 일을 하며 분주하게 시간을 보냈다. 괜한 사람들에게 화를 품었다. 아버지가 죽을병에 걸렸다는 말을 처음 들은 날, 나는 경황이 없는 와중에 쇼핑몰로 가서 완벽한 장례식 복장을 찾아다녔다. 아버지의 장례식에 완벽하지 않은 복장으로 참석한다는 건 상상조차 할 수 없는 일이었다. 그날 나는 어마어마한 거금을 들여 평생에 단 한 번 쓸 옷과 신발을 샀다. 그러고서 매장을 나서자 한 5분 정도는 안도감이 들었다.

그런데 그렇더라도 괜찮다.

고통은 우리의 인간성을 날것 그대로 드러나게 한다. 우리가 느끼는 감정은 모두 우리가 인간이라는 증거다. 우리가 느끼는 기쁨, 서로를 향한 사랑, 누군가를 잃었을 때 경험하는 고통이 다 그렇다. 우리는 모두 그런 감정을 잘 알고 있다. 그리고 모두 그런 감정을 느낀다. 우리는 인생길에서 이리 넘어지고 저리 고꾸라지는 불완전한 인간이다. 그래서 두려운 마음을 어쩌지 못한 나머지 기분을 망쳐버릴 습관에 자꾸만 기댄다. 그러면서도 날마다 최선을 다해 살아간다.

가끔은 무너져내려도 괜찮다. 중요한 것은 자신이 지금 어떤 상태인지 알고, 자신에게 중요한 게 무엇인지 알고, 의식적인 선택을 하는 것이다. 설령 그런 습관에 또 손을 댄다 하더라도 그 또한 금방 지나가고 결국에는 멀쩡하게 그 불길을 벗어날 수 있다고 자신을 신뢰했으면 좋겠다. 자기 자신을 최대한 다정하고 정중하게 대했으면 좋겠다. 왜냐하면 우리가 할 수 있는 것은 그것뿐이니까.

이제 당신은 수많은 기법을 습득했다. 그리고 좋은 시절만 아니라 혹독한 시절도 버텨낼 수 있다는 걸 확신할 만큼 자신에 대해서도 잘 알게 됐을 것이다.

생전 사별이란 것을 겪어본 적 없던 나는 아버지 때문에 처음으로 인간의 유한성을 직시하면서 인생에 대한 새로운 진실에 눈을 떴다.

이제 나는 우리 모두가 배우고, 섬기고, 서로를 또 자기 자신을 사랑하기 위해 이 땅에 태어났다고 믿어 의심치 않는다. 우리는 이 세 가지를 책임지고 수행해야 한다. 셋 다 똑같이 힘들고 겁이 나는 일이다. 하지만 그렇게 하겠다고 다짐할 때 배움, 섬김, 사랑은 우리의 생을 가장 아름답게 빛나게 한다.

나는 우리가 소중한 사람들과 얼마나 건강한 관계를 맺느냐가 행복의 척도라고 믿어 의심치 않는다. 그리고 자신을 찾기 위해서, 서로를 찾기 위해서, 그리고 서로에게 돌아가는 길을 닦기 위해서 노력하고 있다고 믿어 의심치 않는다.

나는 우리가 고통이나 기쁨을 멀리할 게 아니라 고통과 기쁨에 대해 더 많은 이야기를 나눈다면 치유와 성장이 일어나고 서로 더 끈끈하게 결속되리라고 믿어 의심치 않는다. 그런 결속감을 느낄 때 우리는 더는 바랄 게 없는 충만함을 누리게 될 것이다.

인생이란 우리가 서로의 길동무가 되어 함께 집으로 돌아가는 길임이 분명하기에.

개떡 같은 기분에서 벗어나는 법

초판 1쇄 인쇄 2019년 2월 18일
초판 3쇄 발행 2019년 6월 7일

지은이 안드레아 오언 **옮긴이** 김고명 **펴낸이** 김종길 **펴낸 곳** 글담출판사

기획편집 이은지·이경숙·김진희·김보라·김은하·안아람
마케팅 박용철·김상윤 **디자인** 정현주·손지원 **홍보** 윤수연·김민지 **관리** 박인영

출판등록 1998년 12월 30일 제2013-000314호
주소 (04029) 서울시 마포구 월드컵로 8길 41(서교동 483-9)
전화 (02) 998-7030 **팩스** (02) 998-7924
페이스북 www.facebook.com/geuldam4u **인스타그램** geuldam
블로그 http://blog.naver.com/geuldam4u

ISBN 979-11-86650-72-1 (03190)

이 도서의 국립중앙도서관 출판시도서목록(CIP)은 e-CIP 홈페이지(http://www.nl.go.kr/ecip)
와 국가자료공동목록시스템(http://www.nl.go.kr/kolisnet)에서 이용하실 수 있습니다.
(CIP 제어번호 : 2019002230)

만든 사람들 ──────
책임편집 김진희 **디자인** 정현주 **교정교열** 김문숙

글담출판에서는 참신한 발상, 따뜻한 시선을 가진 원고를 기다리고 있습니다.
원고는 글담출판 블로그와 이메일을 이용해 보내주세요. 여러분의 소중한 경험과 지식을 나누세요.
블로그 http://blog.naver.com/geuldam4u 이메일 geuldam4u@naver.com